Trois assiettes et un bébé

J'AI LU

MARIE BINET
ROSELINE JADFARD

Trois assiettes et un bébé

Illustrations de Pascale Laurent

J'AI LU

Bien-être

A Alice et Lucie
qui ont dévoré ce livre
avant de savoir lire.

Sommaire

II. L'âge fluide (de 3 à 6 mois)

Introduction

Mais ce n'est qu'un tube digestif ! Cette exclamation lâchée, non sans humour, par le jeune père réveillé en pleine nuit, envahi, submergé par l'arsenal de biberons, la panoplie de couches et autre attirail du parfait poupon, n'est pas seulement l'expression d'une jalousie taquine : tout se situe au niveau du ventre, dans les premiers moments de la vie, et parfois beaucoup plus tard !...

Depuis Lucullus en passant par Ali-Bab et Brillat-Savarin, la gastronomie considérée comme un des beaux-arts n'est pas seulement la première expression de la culture ; elle est aussi nécessaire à tous les hommes, puisqu'elle tend à augmenter la somme des plaisirs qui leur est destinée. Elle accroît les délices de l'amour et la confiance de l'amitié, nous accompagne toute notre vie ; bref, elle stimule l'aptitude au bonheur.

Le mot « gastronomie » peut effrayer ; il évoque à tort des festins plantureux d'un autre âge, et notre lectrice ou lecteur se voit d'ores et déjà plongé(e) dans un enfer de casseroles dégoulinantes de mets gras ou compliqués. Que nenni ! Les auteurs de ce recueil sont, comme vous, actifs et pressés, appréciant la qualité autant que la simplicité.

Bien sûr, il n'est pas question de proposer à bébé un bœuf bourguignon, du saint-honoré à la crème, mais pourquoi pas, dès huit mois, un jour de fête, une huître bien fraîche, une pince de homard, du poulet à l'ananas, des pâtés de légumes, des coulis de fruits...

Nous proposons des recettes faciles, rapides et digestes, réalisables avec un mixer, un micro-ondes, un autocuiseur. Une cuisine digeste, c'est une cuisine qui apporte de l'énergie, sans fatigue pour l'organisme.

Aujourd'hui, la jeune mère sort de la maternité avec un polycopié sur lequel est prescrit un régime. Un régime ? Pourquoi ? Bébé n'est pas malade, c'est un petit d'homme qui, pour se nourrir, va passer de l'âge liquide (les trois premiers mois), à l'âge fluide puis à l'âge solide (à partir de cinq mois). Le point de vue du pédiatre est strictement médical. Les goûts de votre enfant ne l'intéressent pas, et pourtant...

Dès la naissance, l'enfant réagit à certaines saveurs soit par des mimiques interprétées comme un sourire de satisfaction ou au contraire par une grimace : le nourrisson pince les lèvres, plisse son nez et cligne des paupières. Pourquoi laisser en friche de si merveilleuses compétences ? Les bébés adorent la variété. À l'âge liquide, faites-lui goûter au lait de soja, du lait d'amandes, du lait au miel, ou du petit-suisse allongé d'eau de source. Tout est affaire de proportion, de consistance et d'équilibre alimentaire. L'éveil à la gastronomie est la première manifestation d'amour que vous pouvez lui donner.

Le goût est à la fois une affaire sensorielle, culturelle et affective. Mais, surtout, c'est un sens privilégié pour les nourrissons, car il fait appel à tous les autres sens : l'odorat, le toucher, l'ouïe et la vue.

Le nouveau-né ne sait pas encore ce qui est « bon » ou « mauvais » ; jusqu'à deux ans, c'est vous qui interprétez et conditionnez par votre propre goût le caractère agréable ou désagréable de ce qu'il mange. C'est le moment idéal pour les parents de penser à l'équilibre des repas, à la meilleure manière de se nourrir. Un moment qui peut être bénéfique pour tous, parce que si l'enfant ne mange pas toujours ce que vous mangez, vous pouvez en revanche manger tout ce qu'il mange. Au fur et à mesure que ses dents vont pousser, jusqu'à vingt-quatre mois vous allez pouvoir réexplorer avec lui tout un univers sensoriel, redécouvrir les goûts de chaque aliment, essayer des nouvelles associations entre le cru et le cuit, le salé, le sucré, l'acide et l'amer, les saveurs, les odeurs, les arômes, les consistances.

Vingt-quatre mois et toutes ses dents, ou presque… Votre enfant, ce héros, ce petit vous-même, le porteur de tous vos espoirs, que d'aucuns nomment encore grenouille ou crevette, ne se nourrit pas de vers de terre ou de plancton. Quoique… Non, il apprécie la bonne chère, c'est déjà un gastronome !

Nourrir son enfant : une excellente manière !

Assommées de conseils ! Tel est le lot des mères. Une fois le merveilleux fruit de vos amours mis au monde, il semble que chacun sache mieux que vous la meilleure manière de nourrir cet être unique, ce tout-petit qui n'a rien à voir avec l'enfant de la voisine, de la belle-mère, de la belle-sœur, de la sage-femme, du pédiatre, de la puéricultrice... ou même avec l'exceptionnel bambin que vous étiez à vos premiers jours.

Une lueur : les ouvrages spécialisés. Folle d'espoir, on se précipite vers la parole du maître qui enfin tranchera. Hélas, cette lueur n'est qu'un leurre, et si vous avez eu la curiosité d'en consulter plusieurs (ouvrages), vous avez pu constater qu'en fonction des auteurs, la « meilleure manière » n'est jamais la même.

Morceaux choisis :

Changez de lait : Tous les enfants ont un jour ou l'autre des « coliques », hoquets, régurgitations... Le témoin de ces petits soucis connaîtra toujours un lait meilleur que le vôtre.

Pourtant, ce n'est pas parce que le lait X convenait très bien au bébé Y qu'il est fait pour vous.

Surtout ne changez pas de lait : ça, c'est le conseil du pédiatre. Il n'a aucun contrat avec le laboratoire qui fabrique le lait que vous trouvez suspect, mais il sait qu'à peu de chose près les laits artificiels classiques se valent. Il n'est donc pas nécessaire d'en changer.

Dans les maternités on utilise indifféremment les marques disponibles sur le marché. Soyez sans soucis, si la marque prescrite ne vous convient pas, votre enfant peut changer de lait sans complexes.

Attention à la carotte : elle contient trop de nitrates, ce n'est pas bon pour le bébé[1]. **Donnez-lui de la carotte :** elle régularise le transit intestinal, elle apporte de nombreuses vitamines, en particulier la vitamine A, c'est un aliment parfait[2].

C'est un légume excellent à choisir non traité, mais il ne faut pas en abuser. Si votre enfant prend une teinte orangée : vous en avez abusé.

Haro sur le « micro-ondes », il modifie la structure moléculaire des aliments (*comme tous les modes de cuisson*[3]). **Vive le micro-ondes,** quel gain de temps[4] !

Le lait de soja est recommandé aux bébés allergiques au lait de vache[5]. Lait de soja : attention, coliques[3] !

Donnez-lui de la viande dès 4 mois[6]. **Pas de viande avant** 3 ans[7]. **Les farines** sont indigestes[3] et prédisposent à l'obésité[1]. Ce n'est pas inutile[6]. Il n'y a rien de tel pour les bébés[8]. **Évitez les conserves**[7]. **Des petits pots, des petits pots...** ils sont pratiques et équilibrés[4].

1. *L'Alimentation du nourrisson,* C. Courpotin, J.-P. Girarardet, S. Machinot.
2. *La Santé par les crudités,* C. Cheno.
3. *Mythes et mensonges de l'alimentation,* Robert Masson.
4. *Comment en faire un bébé gastronome,* V. Chabrol.
5. *L'Alimentation naturelle du nourrisson,* C. et L. Clergeaud.
6. *Ma grossesse, mon enfant,* Pr Frydman, Dr Cohen-Solal.
7. *Apprendre à se nourrir,* Dr Soleil.
8. *Votre alimentation selon le Dr Kousmine,* éd. J'ai lu, n° 7010.

Quant aux **surgelés,** *même s'ils sont moins « goûtus » que les produits frais, ils sont tout de même meilleurs que les vieux fonds de frigo.*

En quinze ans la diététique des nourrissons n'a cessé d'évoluer. Aujourd'hui, pour bien manger, il suffit de suivre quelques règles simples. Suivez celles du pédiatre qui vous inspire confiance. Le nôtre s'explique à la fin de cet ouvrage.

Notre conseil, le dernier :

Votre enfant n'est ni un extraterrestre, ni un cosmonaute : sa nourriture peut être constituée d'autre chose que de boîtes. Bébé n'a pas d'*a priori*. Il est donc prêt à se lancer avec vous dans les plaisirs de la dégustation, à découvrir les petits plats équilibrés, savoureux et faciles à préparer que nous lui proposons.

presser
couper
râper
écraser

La gastronomie pour nouveau-nés : comment ?

La gastronomie englobe tout ce qui accompagne les repas : l'amour, la convivialité, l'humour, la joie de vivre et même l'esthétique.

La meilleure manière d'être gastronome et d'en faire profiter son enfant, c'est d'être bien organisé et d'envisager le parcours gustatif du nouveau-né en se procurant le bon équipement.

Les instruments des parents calmes

Bébé babille, il a fait un gros dodo, il a les fesses au sec, il ne fait pas ses dents, il est paisible, c'est l'image vivante de la béatitude. Même la vieille tante venue lui apporter une layette « immettable » a pu lui faire un baiser. Mais tout à coup, c'est le branle-bas de combat ! Avec force décibels le mioche manifeste sa faim impérieuse. Il hurle, il vocifère. Au secours ! le biberon, le chauffe-biberon... ! On prend bébé dans les bras, on le secoue, on lui tape doucement sur le ventre, on fait les cent pas dans la cuisine jusqu'à ce qu'on arrive enfin à lui coller dans le bec la tétine qu'il est prêt à avaler tout entière ! Ouf !

Combien de marins, combien de capitaines, combien de mères, combien de pères sont prêts à quitter le bateau pendant les interminables minutes qui précèdent le repas du fauve !

Le four à micro-ondes

Aux bons élèves les bons instruments ; aux parents calmes le four à micro-ondes. Et si la vieille tante vous en offrait un ? Il ne faut qu'une demi-minute pour y chauffer un biberon, et en plus on peut y faire réchauffer son café sans goût de bouilli…

Les jeunes parents n'ont pas le temps de rester des heures devant le fourneau, de laver des casseroles, des plats, de sortir et ranger toute la batterie de cuisine, pas le temps de faire plusieurs préparations, pour le repas de chacun, et de faire des câlins au bébé, etc. Les mères n'ont pas toujours près d'elle un compagnon cuisinier disponible quotidiennement. La rapidité du temps de cuisson, dans le four à micro-ondes, la simplicité de son utilisation permettent de préparer poissons, légumes, compotes, soufflés, sauces, etc., de manière saine, légère, excellente et rapide. C'est pourquoi, nous l'utilisons dans la plupart des recettes.

Le robot-mixer

Roi de la nouvelle cuisine, c'est le petit mitron de la maison, il est idéal pour hacher, râper, broyer, centrifuger, pétrir, émulsionner, mélanger. On ne peut plus s'en passer pour les soupes et les purées, les jus et les coulis de légumes et de fruits frais.

L'autocuiseur

Roi toujours inégalé pour les cuissons à l'eau, les bouillons, les haricots verts, les épinards… pour la cuisson des féculents, des légumes secs, du riz… pour la cuisson à la vapeur : pommes de terre, carottes, chou-fleur, brocolis… et aussi pour mitonner les bons ragoûts qui ont si bon goût, pot-au-feu, blanquette, poule au pot…

Un conseil : préparez tous vos biberons dès le matin. Dans les maternités, c'est ainsi qu'on s'est toujours organisé.

Le matin, après la première tétée, vous avez deux heures pour penser et préparer tous les repas de la journée. C'est bien plus qu'il n'en faut.

Un bon fauteuil

Dring !

– Allô ! Oui, oui, l'accouchement s'est bien passé, l'équipe a été très sympa…

– Ouin, ouiiin !

– C'est l'heure de la tétée [ou du biberon], il est dans mes bras.

– Aaah oui ? Je te dérange ?

– Non, non, enfin si. Tu peux me rappeler ?

– Mais bien sûr. Alors, combien pèse-t-il ? Tu as du lait ? Moi, ma fille…

La conversation s'éternise. Vous voilà à demi assise en équilibre sur une fesse (pour cause d'épisiotomie), le téléphone coincé entre l'oreille et l'épaule, une main tient le tee-shirt tire-bouchonné ou le biberon, l'autre empêche bébé de glisser, et vous n'osez pas raccrocher au nez de tant de sollicitude.

– Tiens, pourquoi est-ce qu'il régurgite ?

Stop !

Cela vous fait sourire, et pourtant…

La solution est simple :

Pour les repas de bébé

• Décrochez le téléphone ou branchez votre répondeur. Ensuite, réquisitionnez :

• Le meilleur fauteuil de la maison ou le canapé du salon.

• Tous les coussins et oreillers que vous pourrez trouver.

La bonne position : installez-vous con-for-table

• Le dos et les reins bien calés.

• Trois kilos sur les biceps six fois vingt minutes par jour, même pour un haltérophile, cela finit par peser, alors reposez votre coude sur des coussins ou sur l'accoudoir.

• Fini les jambes lourdes si vous gardez les pieds en éventail sur la table basse du salon, sur le lit ou sur le divan.

• Le menton plaqué contre votre sternum pour maintenir le pull relevé ne met pas en valeur votre sublime port de tête ? Le torticolis vous menace ? Choisissez des vêtements qui s'ouvrent devant : portez des gilets ou piquez les chemises du jeune papa.

• Écoutez de la musique douce et profitez avec bonheur de ce grand moment gastronomique.

Le matériel du bébé gastronome

Les biberons

• En verre, pour être réchauffés au four à micro-ondes ou en plastique incassable, pour la promenade.

• Même si vous avez l'habitude, **vérifiez toujours la température** du repas de bébé : versez-en une goutte au creux de votre poignet.

• Enfin, le bonheur de votre petit sera complet si le biberon que vous lui proposez est suffisamment incliné.

Vous êtes donc installée dans la meilleure position, les coussins stratégiquement placés pour que ce moment privilégié ne vous coûte aucun effort, votre petit ange blotti entre vos bras, le biberon ni trop chaud ni trop froid et scrupuleusement incliné à 45°. Soudain la sueur perle à son front, il s'énerve, s'épuise, bat des jambes et semble bouder le lolo tant réclamé,

d'ailleurs depuis cinq bonnes minutes le niveau du biberon n'a pas bougé…

C'est la tétine !

Les tétines…

Ergonomiques, physiologiques, à trois vitesses, antireflux, pourvues de valves antifuites, en caoutchouc ou en silicone, force est de constater que ça ne marche pas toujours. Malgré des décennies de « mise au point en laboratoire », les tétines s'obstinent à nous compliquer la vie.

• Bébé tousse, recrache : la tétine coule trop vite.

• Il transpire : l'orifice de la tétine est bouché ou trop étroit.

• Après plusieurs stérilisations, c'est quand la tétine est presque fichue qu'elle devient assez souple pour notre fin gourmet.

• La jolie tétine en silicone, garantie insuçable : vous l'avez achetée, essayée. Vous pouvez la jeter.

Quelques trucs

• Les tétines à trois vitesses s'adapteront mieux aux différentes consistances des repas de votre enfant.

• À l'« âge fluide », il est nécessaire d'agrandir l'ouverture des tétines à l'aide d'une paire de petits ciseaux soigneusement nettoyés.

• Stérilisation : pouah, pouah, pouah ! À six semaines, votre enfant a déjà reçu au moins 1 999 bisous (un peu plus en moyenne de cinq fois sept par jour !). Bisous colleux, poisseux, bruyants, mous ou piquants, voire la barbe de son jeune papa ou de la vieille tante, tout le monde lui a soufflé dans le nez, et vous voudriez encore stériliser ses biberons ?

Certaines maternités conseillent simplement, dès la naissance, une propreté rigoureuse : un goupillon, de l'eau savonneuse et un bon rinçage ou encore, moins fatigant et plus efficace, le lave-vaisselle, car il va dans tous les coins et le séchage à haute température est l'ennemi des bactéries. (Le lait en poudre n'est pas stérile, l'eau minérale n'est pas stérile, les draps ou le pull sur lesquels votre enfant bave avec bonheur ne sont pas stériles.) Cependant, si vous habitez un pays très chaud, ou si les conditions d'hygiène sont mauvaises, stérilisez jusqu'à six mois.

• Conservez bagues et tétines au réfrigérateur : le caoutchouc gardera plus longtemps sa tonicité. Et les microbes n'aiment pas le froid.

• En revanche, il reste indispensable de stériliser les biberons et les tétines que vous venez d'acheter.

Les bons produits des bons parents

Chez les plus grands, de Curnonsky, Robuchon, Senderens à Guérard ou Gault et Millau, ou encore chez Pascal Michel du Buhan qui un jour m'a laissé le bonheur de visiter son « laboratoire » : ce sont les bons produits qui font la bonne cuisine.

La poule qu'on va chercher chez le fermier plutôt que le poulet d'élevage industriel. Le veau élevé sous sa mère plutôt que ces viandes flasques aux hormones. Ou simplement, la batavia croquante achetée au marché plutôt que la salade plongée dans les conservateurs pour être vendue sous cellophane.

Tout cela revient cher ? Pas si sûr...

En cuisine comme dans beaucoup d'autres domaines, acheter « bon » n'est pas un mauvais investissement.

Parmi les produits excellents, il y a **les huiles végétales.**

Un simple plat de pâtes avec quelques gouttes d'huile d'olive première pression à froid est bien meilleur au goût (et plus sain) que les mêmes pâtes baignant dans une demi-livre de beurre C.E.E. Un filet de poisson vapeur avec la même huile d'olive et trois feuilles de basilic est sans comparaison avec une sauce toute prête. Des carottes râpées à l'huile de sésame sont bien plus savoureuses et plus économiques qu'assaisonnées avec les vinaigrettes du commerce.

Une bonne huile végétale se choisit **première pression à froid,** car les procédés de chauffage industriels détruisent de nombreux éléments nutritifs et la vitamine E. On trouve ces huiles non traitées dans les boutiques « nature » ou les rayons diététiques des grandes surfaces.

L'huile de tournesol : la plus riche en acides gras.

L'huile de pépins de raisin : fluide et légère.

L'huile d'arachide : de bonne qualité, en bouteille de verre teinté ou en bidon de fer, supporte très bien la chaleur.

L'huile de sésame : agréable au goût, un peu lourde à digérer.

L'huile d'olive : très riche en vitamine E.

Le sel breton, la fleur de sel de Guérande en particulier, est devenue si célèbre qu'on en trouve sur toutes les bonnes tables.

Le sel breton ne sale jamais trop et contient tous les bons oligo-éléments favorables à un bon équilibre alimentaire.

Les aromates, herbes ou épices douces (pas de poivre ou de piment pour les bébés !) donnent du goût sans avoir besoin d'ajouter de graisse.

Persil, thym, ciboulette, romarin, basilic, aneth, estragon : toutes ces herbes sont bien meilleures fraîches. L'ennui, c'est qu'on utilise quelques feuilles et que le reste se dessèche dans le réfrigérateur. Alors, le jour même, je prends la quantité dont j'ai besoin, je lave et congèle ce qui reste.

Cumin, badiane, girofle, laurier, curry, paprika, quatre-épices, noix de muscade à râper, cannelle en bâton, en toutes petites quantités, peuvent parfumer sans problème les plats de bébé dès neuf mois.

Chez les bons bouchers choisissez **des viandes avec appellation :** charolaise, limousine ou bazadais et Bresse ou landaise, par exemple, pour la volaille.

Et puis :

Les fromages à la coupe plutôt qu'industrialisés.

Pour vous, parents, le poivre en grains plutôt que le poivre gris moulu qui a perdu toute sa saveur.

Le simple riz de Camargue, celui du Surinam ou le basmati ont un autre goût que le riz traité modèle américain.

Dans son placard, il faut avoir :

Du sucre de canne roux (cassonade), du sucre semoule, du chocolat noir 70 %, du cacao, du miel, des bouillons cubes, du bon vinaigre, du concentré de tomate, du tapioca, de la semoule de couscous, de la semoule de maïs, des pâtes, des champignons, des fruits secs et de la sauce de soja.

Au réfrigérateur : du beurre fermier, du fromage blanc, des yaourts et des petits-suisses nature, du gruyère râpé, du citron.

Excellentes conserves : fonds d'artichauts, tomates pelées.

Excellents surgelés : les poissons, les jardinières et purées de légumes, les pâtes à tarte…

Quant aux denrées périssables, préférez toujours **les produits de saison.** Les autres ont poussé et mûri de façon artificielle et sont bien inférieurs à ceux qui ont grandi sous le soleil de nos régions.

Notre devise : mieux vaut être heureux et bien nourri que triste et malade !

Coucou, les petits trucs !

Un bébé, ça tache énormément !

Il fait pipi, il fait caca, il bave, il régurgite, il vomit, il renverse, il écrabouille, il se barbouille, il vous barbouille.

On a toujours à la maison de l'eau gazeuse, du lait, du citron, du talc ou de la terre de Sommières, du produit de vaisselle, de la javel et de l'ammoniaque – que l'on utilisera toujours diluées –, et même de l'aspirine.

Les taches fraîches sont toujours plus faciles à enlever que les vieilles taches, alors il ne faut pas hésiter, jetez votre linge, laine, coton... immédiatement dans une bassine d'**eau fraîche.** C'est indispensable pour les taches de jus de fruits, de fruits rouges ou bleus, ou pour le verre de vin que l'on a renversé en voulant rattraper bébé. Plus tard il vous suffira de rincer **à l'eau légèrement ammoniaquée.**

Attention, ne laissez pas sécher les taches de carottes en petit pot, car elles sont quasi indélébiles !

En voyage ou chez des amis, on peut avoir recours à **l'eau gazeuse** qui, versée sur les taches de bouillie, de purée, de vomi, de compote, de confiture, de jus de fruits, dissout les sucres et empêche les couleurs de s'incruster dans les fibres du tissu.

L'aspirine diluée dans l'eau, c'est aussi très bien, surtout pour des taches de sang.

Saviez-vous que le lait est un puissant détachant ? Le **lait bouillant** permet d'enlever les taches de vin sur les nappes et les serviettes, les taches d'encre sur les moquettes et la laine. Quand on plonge une serviette tachée dans une casserole de lait bouillant, la tache disparaît comme par magie.

Le talc ou la terre de Sommières épongent parfaitement la graisse.

Et puis, il y a le **liquide vaisselle,** un dégraissant qui est toujours à portée de main et que l'on peut utiliser même sur des tissus fragiles...

Enfin **l'eau de Javel,** c'est bien connu, vient à bout des taches les plus difficiles, c'est idéal pour le blanc, mais bien sûr il faut toujours la diluer et ensuite bien rincer.

Les âges et les dosages

Âge liquide de 0 à 3 mois

Allaitement maternel ou mixte : lait maternel et produits hypoallergéniques.

Allaitement artificiel et :

Jus de fruits
Jus de légumes
Laits végétaux

Âge fluide de 3 à 6 mois

À partir de deux mois bébé bave, il salive, il est prêt à digérer de nouveaux aliments. On peut commencer à épaissir le biberon du soir.

Premières farines et légumes broyés.

Compotes de fruits.

Fruits frais, bien mûrs, mixés en petites quantités.

Petits-suisses, fromages frais.

Dosage : Dans le petit pot, le meilleur, c'est le pot, gardez-le, il n y a rien de mieux pour transporter et doser les repas.

Âge solide à partir de 6 mois

Bébé peut désormais partager les plats légers de toute la famille. Plus la peine de faire une cuisine différente. Pour lui le repas sera mixé.

Il suffit de varier pour lui les doses et les consistances.

Œuf cuit, poisson, viande blanche et légumes.

Bébé apprécie le lait naturel en petite quantité dans les purées ou les entremets.

Dès 8/9 mois :
Les légumes peuvent être proposés moulinés.

Dès 10 mois :
Légumes crus râpés.
Viande très finement coupée et poisson émietté.
Œuf coque.

Dès 12 mois :
Viande coupée en lamelles, à la chinoise.
Pâtes, légumes secs.

Dès 24 mois :
Il exprime très bien ses désirs, c'est déjà un gastronome !

Exemple de répartition des repas quotidiens

à partir de 2 mois 120 à 150g par repas

matin	10 h	midi	15 h	18 h	soir
lait	jus de fruits frais dilué	lait	lait végétal	lait	bouillon lacté ± céréales

à partir de 5 mois 150 à 200g par repas

matin	10 h	midi	17 h	soir
lait ± céréales	jus de fruits frais dilué	légumes + œufs, poisson ou poulet	compote + petit-suisse	soupe au lait ± céréales

à partir de 10 mois selon l'appétit de bébé

matin	10 h	midi	17 h	soir
lait ± céréales	jus de fruits frais dilué	crudités légumes + œufs, poisson, poulet ou viande ± dessert	fruits + fromage frais	soupe ou légumes + céréales ± fromage ± dessert

Dans tous les cas, respectez l'appétit de bébé. N'essayez pas de le forcer, ne trichez pas en ajoutant du sucre.

Prenez votre temps et faites, de chaque repas, un moment de plaisir !

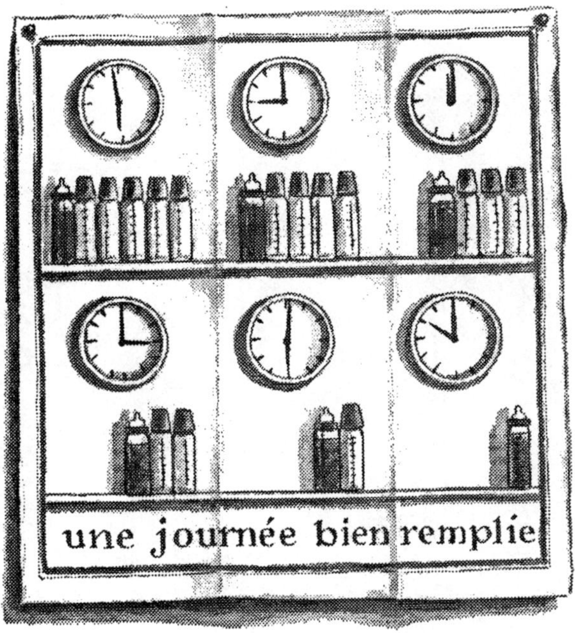
une journée bien remplie

I

L'âge liquide

(de 0 à 3 mois)

Quel lait pour bébé ?

Pendant des siècles, la question ne se posait même pas, hormis quelques extravagants (Romulus et Remus, l'enfant sauvage, ou certains enfants des campagnes nourris au lait de chèvre), le petit humain étanchait sa soif (et sa faim) au sein d'une femme, sa mère ou une nourrice.

Aujourd'hui, avec le travail des femmes et les progrès de la chimie, nourrir son enfant autrement est devenu une obligation – quand il faut retravailler –, une affaire d'esthétique, de commodité ou même d'égalité des sexes, comme me l'expliqua un jour cette mère qui ne souhaitait pas allaiter « pour ne pas désavantager son époux face à leur enfant » ! J'imaginais aussitôt le couple frémissant d'espoir à l'idée que l'homme pourrait lui aussi, un jour, être enceint. Espoir pas si délirant, lorsqu'on regarde nos éminents chercheurs… et les fantaisies du cinéma. Quel rapport, me direz-vous, entre cette longue digression et la gastronomie ? C'est pourtant clair, répondrai-je : si ce siècle n'a pas réussi (enfin, pas tout à fait) à mettre les bébés en tubes, il est parvenu à ce que leur première alimentation soit exclusivement composée de boîtes…

Sans brandir l'étendard en macramé de la macrobiotique, comme qui dirait, il y a de quoi s'interroger.

Délices et délires de lait

• Le lait de chèvre

D'après Alexandre Dumas, le lait de chèvre est pourvu d'une densité supérieure à celle du lait de vache. Il conserve même, en beurre ainsi qu'en fromage, une saveur bouquetine se rapprochant de l'odeur de l'animal duquel on le tire. Les chèvres sans cornes fournissent un lait moins odorant.

Les bergers et tous les peuples du Bassin méditerranéen en donnaient à leurs enfants…

• Le lait de brebis

Le lait de brebis, plus digeste que le lait de vache, est cependant plus gras que le lait de chèvre, et sa saveur est légèrement plus aigrelette.

• Le lait d'ânesse

Les riches femmes romaines s'y baignaient pour avoir la jeunesse éternelle… Au XIXe siècle, on le considérait comme un remède dans certains cas de phtisie.

• Le lait de jument

Les Mongols s'en nourrissent exclusivement, ils en font du fromage, et même de l'alcool. C'est une alimentation rituelle, ils l'offrent aux voyageurs en signe d'hospitalité quand ils les font entrer dans la yourte. Ils en aspergent tous les moyens de transport, de la Mobylette jusqu'aux avions, pour se protéger des accidents pendant le voyage… (Ça a une saveur aigre et une odeur qui se rapproche de celle du vomi de bébé.)

• Le lait de yak
Les Tibétains l'utilisent en offrande à leurs dieux. Ils le salent et en font du beurre qu'ils mettent dans le thé…

• Le lait de chamelle
C'est un lait épais comme du yaourt et, contrairement aux nomades berbères, je n'en raffole pas !

• Le lait de lama
Demandez donc aux Aztèques et aux Incas ce qu'ils en pensent !

• Le lait de la louve
Un lait pour demi-dieux, qui a très bien réussi à Romulus et à Remus.

• Le lait de baleine
Un lait que le baleineau tète dans l'eau !

• Le lait d'éléphant
L'éléphanteau boit dix litres par jour…

• Le lait de mastodonte et de mammouth
Nous n'avons jamais eu l'occasion de tester le lait de ces mammifères fossiles de la fin du tertiaire et du quaternaire.

• Le lait de lion, de tigre, de panthère, de léopard, et autres
Goût fauve.

• Le lait de zébu
Quand zébu, z'ai p'us soif… !

• Le lait de poule
Conte pour enfants. À qui d'autre voudrait-on faire croire que les cocottes ont du lait ? Extraordinaire reconstituant, recette page 223.

La bonté cachée des laits se voit sans délai !

Dix raisons de ne pas donner de lait de vache

• Le lait de vache est très gras, même partiellement dégraissé, et ses molécules sont difficilement désagrégées.

• Il est trop riche en protéines. Halte à la surcharge !

• Il caille en gros blocs, contrairement au lait maternel qui caille en très fins flocons.

• Il ne contient pas beaucoup de phosphore (phosphore dont mon petit a besoin pour développer sa prodigieuse intelligence…).

• Il n'est pas assez riche en vitamines A et C.

• Le lait de vache maternisé « ressemble » au lait humain, et alors ?

• Ce n'est pas parce que beaucoup en boivent que c'est bon !

• Nos petits ne sont pas des veaux.

• Il y a presque deux milliards d'individus qui détestent le lait.

• Et puis je suis allergique au lait ! Pas vous ?

Dix raisons de donner du lait de vache

• Le mien en a bu, il va très bien…

• Le bon lait sent l'herbage et la noisette.

• Il est symbole de richesse et d'abondance.

• On peut vivre toute une vie en s'en nourrissant exclusivement.

• C'est plein de protéines.

• C'est bourré de calcium.

• La vache est un animal sacré, paisible et qui meugle horriblement quand on oublie de la traire.

• Le chocolat au lait de chèvre, vraiment pas terrible !

• La purée au lait de yak, c'est pas meilleur !

• Et le sourire de la crémière, qu'est-ce que vous en faites dans tout ça ?

La cave de bébé

10 Mois, du Poulet à l'ananas

Les bébés des cinq saisons

On dit que les garçons naissent dans les choux et les filles dans les fleurs Et les choux, et les fleurs, quand poussent-ils ? En quelle saison ?

Tous les bébés ne naissent pas à la même saison. Il y a les bébés de printemps, les bébés d'été, les bébés d'automne et les bébés d'hiver. Et puis, il y a aussi les bébés exotiques, les bébés qui naissent dans des pays où les légumes et les fleurs sont de toutes les saisons, les pays tropicaux. Les bambins vanille, café, caramel ou chocolat sont nés dans des bananiers, des cocotiers, des choux palmistes ou des fruits de la passion…

À tous ces enfants qui voient le jour sous un monde si différent, pourquoi donnerait-on invariablement la même nourriture, le même lait en poudre dit maternisé, certes équilibré, mais fade, insipide et d'aucune saison ? On ne s'étonnera pas que plus tard, ils se nourrissent exclusivement de hamburgers de ketchup, de Coca-Cola…

Nourri au sein, le « tî-moûn » goûte tout ce que mange sa mère. Il suffit de penser un instant à la saveur épicée du lait d'une femme qui consomme du cumin, du curry et même du piment, aux senteurs méridionales du lait d'une mère qui, l'été, raffole de ratatouille et de fruits rouges… pour comprendre que les bébés apprécient dès la naissance la diversité et sont parfaitement disposés à expérimenter tous les goûts et les arômes des saisons.

Ah ! qu'il est beau, le débit de lait !

Le lait maternel ou l'apprentissage du goût

Les manuels sont unanimes : vive le lait maternel ! C'est le meilleur aliment du nourrisson.

Le meilleur, d'accord. Mais pourquoi ? Parce qu'il est le plus sain pour le bébé ? Parce que c'est celui dont la composition est la plus adaptée à notre petit amour ?

Bien sûr, bien sûr, mais pas seulement…

Le lait maternel est aussi la voie royale de la gastronomie, car la gastronomie, c'est la variété ; l'éducation du goût se développe grâce à la découverte de la diversité des saveurs. La saveur et la consistance du lait maternel évoluent selon les jours, au cours de la journée, et même au cours de la tétée. Très liquide, légèrement sucré au début, le lait maternel, plus riche en lipides à la fin du repas, devient épais et crémeux.

Saviez-vous que manger du cumin stimule l'appétit de bébé ?

Si vous avez consommé du chou, du gibier, des asperges avant sa naissance, bébé y a déjà goûté dans le liquide amniotique, et rien ne prouve qu'une fois né il soit gêné par ces saveurs, alors ne vous en privez pas !

Vous allaitez. Bravo ! Votre enfant a tout ce qu'il faut pour devenir un gastronome. Jusqu'à trois mois, n'ajoutez pas de nouveaux aliments.

Au moment du sevrage (trois mois en général), passez directement à « l'âge fluide ». Mangez bien, et préparez-vous par exemple les recettes proposées à partir de la page 113, L'âge solide.

Les joies du biberon

Que les adeptes du lait industriel se réjouissent : grâce à leur choix, elles donnent aussi à leur enfant la chance de devenir un amateur de bonnes choses. En effet, même si votre enfant n'a pas eu l'occasion de goûter les nuances successives d'un lait de mère, il découvrira, plus tôt qu'un enfant nourri exclusivement au sein, des produits nouveaux comme les jus de fruits, les jus de légumes ou les laits végétaux.

Le lait maternisé

« Maternisé » signifie qu'à partir du lait de vache on a voulu fabriquer un lait dont la formule chimique se rapproche le plus du lait de mère. Le résultat est à peu près ce que le skaï est au cuir ou l'acrylique à la laine : un succédané.

Laits diététiques non maternisés
Aliments lactés diététiques (ALD)

Mieux tolérés par le nourrisson que les laits maternisés, leur goût va de franchement infect à juste acceptable par un humain en âge de se défendre. Pour en choisir un, je me suis livrée à l'expérience suivante : abandonner dans un coin de la cuisine un flacon contenant quelques millilitres du lait que l'on désire tester. Quarante-huit heures plus tard : surprise ! Certains laits ont caillé et dégagent une honnête odeur de fromage, d'autres sont restés liquides et empestent un mélange indéfinissable évoquant l'antibiotique ou l'usine pétrochimique. Aucun enfant n'a mérité cela.

En résumé, il y a entre le lait maternel et les autres laits la même différence qu'entre la mécanique et l'électronique : pour la première, il suffit de mettre en route et ça marche (en principe), pour la seconde, avant de commencer quoi que ce soit, il faut d'abord lire la notice.

Lait et immunité. Ou comment la science rejoint la gastronomie.

La gastronomie n'aime pas beaucoup les aliments manipulés chimiquement. Foin d'aliments allégés, déshydratés ou reconstitués chez les grands chefs ! Une étude américaine[1] montre qu'en matière d'immunité c'est encore la nourriture naturelle qui donne les meilleurs résultats. Pour le démontrer, on a comparé la quantité d'anticorps fabriqués par des enfants après une vaccination contre la polio, la diphtérie, la rougeole ou le tétanos. Les enfants nourris au sein ou au lait de vache riche en protéines avaient une protection importante et durable ; ceux nourris avec un lait adapté (ALD) ont produit une quantité d'anticorps équivalente ; et ceux nourris avec du lait de vache faible en protéines ou avec un lait reconstitué à base de soja avaient peu d'anticorps.

Le lait de vache cru

Destiné au veau. Contient 35 g de protéines au lieu de 15 g dans le lait maternel. Pour le rendre digeste, ajouter 1/3 d'eau de source, quelques gouttes d'acide lactique, et écrémer partiellement. À

1. *International Pharmaceutical Abstract,* Washington, D. C., 15 avril 1984.

proscrire si l'on n'est pas sûr de sa fraîcheur et de son origine.

Le lait concentré non sucré, le lait concentré sucré

Il s'agit de lait de vache pasteurisé, concentré, homogénéisé et stérilisé. Ces divers stades de cuisson en font un produit dépourvu de vitamines naturelles et d'oligo-éléments. Mais c'est quand même une friandise !

Recettes

LES LAITS VÉGÉTAUX

Les plantes font du lait ! Extrait de la graine, le doux liquide blanc obtenu par filtration est riche en protides, en lipides et en glucides. Il est facile à digérer et provoque moins d'allergies. Intégré à une alimentation classique, en remplacement d'un biberon, le lait végétal vous permettra de faire découvrir à bébé de nouveaux goûts.

LAIT DE SOJA *(dès le premier mois)*

Les bébés chinois boivent du lait de soja

Il est utilisé coupé d'eau (moitié-moitié). Il contient autant de protéines que le lait de vache, il a une bonne valeur nutritive mais doit être utilisé en alternance avec d'autres laits.

Pour 2 biberons
Trempage : la veille
Préparation : 5 minutes
Cuisson : 15 minutes

- 1 tasse de haricots de soja
- 1 litre d'eau de source

La veille, faites tremper les haricots, jetez l'eau de trempage, mixez les haricots. Ajoutez l'eau de source et portez à ébullition, laissez mijoter 5 minutes en remuant sans cesse. Arrosez cette purée d'un peu d'eau froide pour faire tomber le mélange et laissez mijoter. Ajoutez encore un peu d'eau. Filtrez cette préparation à travers un torchon propre disposé sur une passoire. Repliez les coins du torchon et pressez le liquide restant. Ce lait peut être adouci avec un peu de sucre complet. Il peut être conservé 24 heures au réfrigérateur et tiédi avant usage.

Quelques gouttes d'huile de première pression à froid, de germe de blé par exemple, ajoutées à ce lait (1 goutte par kilo de poids et par jour), apporteront à votre enfant les précieux « acides gras insaturés ».

• On peut remplacer le sucre complet par du miel, riche en sels minéraux, mais il n'est pas toujours bien digéré.

On trouve désormais du lait de soja tout prêt dans la plupart des magasins d'alimentation. Il faut le diluer de moitié avec de l'eau de source.

LAIT D'AMANDE *(dès le premier mois)*

Pour 1 biberon
Préparation : 5 minutes

- 1 cuillère à soupe d'amandes effilées
- 1 verre d'eau de source

Mixez l'ensemble et filtrez. Allongez d'eau de source. Un peu gras, le lait d'amande peut être associé avec du lait de soja ou du lait de céréales (à partir de deux mois) dont il facilite la digestion.

LAIT DE BLÉ *(à partir de deux mois)*

Pour 1 biberon
Préparation : 5 minutes
Cuisson : 10 minutes

- 1 cuillerée à soupe de lait d'amande

- 2 cuillerées à soupe de blé (non traité), soit 1 cuillerée à soupe par mois d'âge jusqu'à cinq mois et pas plus de 5 cuillerées à soupe ensuite
- 2 verres d'eau de source (200 ml), soit 1 verre par mois d'âge
- 1/2 cuillerée à café de sucre complet

Écrasez finement le blé au mixer avec un peu d'eau de source. Faites bouillir 2 verres d'eau de source que vous verserez ensuite lentement sur le blé broyé. Faites cuire cette préparation à feu très doux pendant 10 minutes en remuant sans cesse. Filtrez à travers une passoire fine. Ajoutez une cuillerée à soupe de lait d'amande. Sucrez.

Ce lait végétal se conserve au refrigérateur, à consommer dans les 24 heures.

LAIT DE COCO AU SÉSAME *(à partir de trois mois)*

Voici une recette des bébés du bout du monde. Les graines de sésame nous viennent d'Asie, leur goût incomparable et la qualité de l'huile qu'elles produisent leur ont donné une place de choix dans les cuisines de nos maîtres queux. Quant à la noix de coco, elle est depuis toujours la panacée des mamans d'outre-mer.

Pour 2 biberons
Trempage : la veille
Préparation : 5 minutes

- 3 cuillerées à café de noix de coco râpée
- 3 cuillerées à café de graines de sésame entières
- Eau de source

Faites tremper les graines de sésame dans de l'eau de source la veille. Rincez-les à l'eau du robinet. Dans le mixer, mettez les graines de sésame avec la noix de coco. Ajoutez de l'eau de source jusqu'à obtenir 1/2 litre de préparation. Filtrez dans un torchon propre ou une passoire fine. Ce lait peut être conservé 24 heures au réfrigérateur.

LES JUS DE FRUITS

(dès les premières semaines)

Un fruit est d'or le matin, d'argent le midi, de plomb le soir. Ce vieil adage concerne surtout les agrumes. Les fruits plus doux comme la pomme ou la poire peuvent être proposés crus sans inconvénient en fin de journée. Dans tous les cas, un fruit frais sera plus digeste consommé seul ou avec du fromage blanc et à distance de tout autre aliment. Dans la matinée ou au goûter, par exemple.

Variez selon les saisons !

Jus de fruits de printemps

Tomate, fraise, cerise, groseille, cassis, rhubarbe et encore pomme, poire, orange, pamplemousse.

Jus de fruits d'été

Fraise, groseille, myrtille, framboise, cerise, abricot, pêche, nectarine, quetsche, reine-claude, mirabelle, pastèque, melon, prune, tomate, pomme, poire, orange, pamplemousse.

Jus de fruits d'automne

Raisin, groseille, myrtille, mûre, cassis, framboise, brugnon, prune, pêche, tomate, poire, coing, figue fraîche, orange, pamplemousse.

Jus de fruits d'hiver

Pomme, poire, orange, clémentine, pamplemousse.

Jus de fruits exotiques

Kiwi, ananas, mangue, papaye, banane, goyave, fruit de la passion.

Les jus, c'est bon mais sans abus.
Préparez le fruit entier : à sept semaines, 15 ml suffisent à bébé, vous profiterez du reste pour faire, vous aussi, une cure de vitamines.

JUS DE FRUITS ROUGES

Les fruits rouges sont délicieux et « bons pour les yeux » (vitamine A), mais si la tendance familiale est à l'allergie – aux fraises en particulier –, attendez quelques mois avant d'en proposer à bébé.

- 100 g de groseilles ou de myrtilles, de cassis, de framboises ou de fraises des bois

Lavez à l'eau courante trois poignées de fruits. Séchez-les doucement à l'aide d'un papier absorbant. Centrifugez.

JUS DE PÊCHE OU D'ABRICOT

Préparation : 3 minutes

Ôtez la peau de deux pêches ou de quatre abricots après les avoir plongés une seconde ou deux dans l'eau bouillante ou trente secondes au micro-ondes. Enlevez le noyau. Centrifugez.

JUS DE RAISIN

Souvent comparé à un « lait » végétal, le jus de raisin possède par sa richesse en sels minéraux et en vitamines une grande analogie avec le lait maternel.

Préparation : 5 minutes

Faites tremper quelques secondes une belle grappe de raisin dans l'eau citronnée. Séchez les grains à l'aide d'un papier absorbant. Écrasez-les au mortier ou à la fourchette. Filtrez le jus recueilli dans une passoire fine.

JUS DE POMME OU DE POIRE

Préparation : 3 minutes

- 2 poires ou 2 pommes
- 1 citron

Reinette grise, poire Williams (au mois d'août), passe-crassane ou comice (automne, hiver), la recette est toujours aussi simple : épluchez, épépinez, passez à la centrifugeuse. Quelques gouttes de jus de citron empêcheront le fruit de s'oxyder. Servez allongé d'eau de source, à température ambiante.

JUS D'ORANGE OU DE PAMPLEMOUSSE AU CITRON

Les agrumes ne sont plus seulement des cadeaux de Noël, ce sont les fameux fruits du jardin des Hespérides, les oranges, les mandarines, les clémentines, les pamplemousses et les citrons.

Préparation : 2 minutes

- 1 orange maltaise ou 1 pamplemousse rose
- 1 citron

À l'aide du presse-fruits, recueillez le jus d'une belle orange ou d'un pamplemousse, rose de préférence (il est moins acide). Filtrez à la passoire fine. Quelques gouttes de jus de citron relèvent le goût. J'y ajoute la même proportion d'eau de source pour ne pas irriter le petit estomac.

JUS DE MANGUE

Préparation : 3 minutes

- 1 grosse mangue bien juteuse

On peut bien sûr éplucher ce fruit des tropiques comme une pêche ou un kiwi, mais voici un petit truc pour éviter d'avoir les mains couvertes de jus :

Lavez le fruit. Sans l'éplucher, ouvrez la mangue parallèlement au noyau plat avec un couteau bien aiguisé. Procédez de la même manière pour l'autre côté du fruit. Quadrillez au couteau l'intérieur des deux coupoles obtenues. Soulevez le centre des coupoles et récoltez les petits cubes de chair à la cuillère. Centrifugez. Servez ce jus très épais allongé d'eau de source, à température ambiante.

Si vous devez attendre, ajoutez quelques gouttes de jus de citron pour empêcher le fruit de s'oxyder.

COCKTAILS DE FRUITS

Lorsque bébé aura déjà goûté chaque fruit préparé seul, faites-lui découvrir de délicieux mélanges :

Jus de pomme et de rhubarbe
Jus de framboise et de groseille
Jus de pomme et de poire
Jus de pomme et de kiwi
Jus de pêche et de mirabelle
Jus de pastèque et d'orange

LES JUS DE LÉGUMES

(dès les premières semaines)

Sauf aux « accros » du cru ou de la macrobiotique, nous ne conseillerons pas ici de jus de haricot vert ou de chou-fleur.

Certains légumes produisent un jus délicieux, souvent plus digeste que les jus de fruits et tout aussi riche en vitamines, en sels minéraux et en oligo-éléments.

Comme pour les jus de fruits, à sept semaines, 15 ml suffisent à bébé. Buvez le reste. Vous aussi, ô combien ! vous avez besoin de faire le plein d'énergie.

JUS DE CAROTTE

Au printemps et toute l'année, la carotte est première au hit-parade de la santé. Riche en vitamines A et C, elle apporte aussi calcium, phosphore et magnésium. Tout cela, c'est bon pour les dents, les yeux, et cela aide à combattre les rhumes. Et puis, la carotte est un excellent régulateur de l'intestin, qu'il soit trop actif (diarrhée) ou trop paresseux. Enfin, nature ou additionné de quelques gouttes de citron, le jus de carotte, c'est délicieux !

- 2 carottes (de préférence non traitées)

Épluchez-les. Découpez-les en tronçons. Centrifugez.

Allongez le jus recueilli d'un peu d'eau de source (environ 10 ml). Ajoutez quelques gouttes de citron.

JUS DE FENOUIL

Depuis l'Antiquité, le fenouil est utilisé pour aider la digestion ; il donne du lait aux mères qui allaitent. En jus, additionné d'un peu de miel, il faciliterait le sommeil et son goût anisé est rafraîchissant.

- 1/2 bulbe de fenouil

Ôtez les fanes et la base du fenouil. Découpez-le en gros morceaux.
Centrifugez.

JUS DE CÉLERI

Digestif et rafraîchissant, le céleri cru est très riche en potassium et contient aussi tous les autres éléments minéraux naturels. Son jus, légèrement piquant, stimule l'organisme.

- 2 tiges de céleri-branche

Ôtez les grandes fibres de la peau des tiges de céleri. Découpez les tiges en tronçons. Centrifugez. Allongez de 1/3 d'eau de source.

JUS DE BETTERAVE

Habituellement vendue cuite ou précuite, c'est pourtant crue que la betterave donne le meilleur d'elle-même. Elle est riche en vitamines A, B et C, et regorge de sels minéraux et d'oligo-éléments. Son jus, très digeste et naturellement sucré, en fait un excellent légume énergétique.

• 1 betterave crue

Épluchez la betterave. Découpez-la en morceaux. Centrifugez. Allongez de 1/3 d'eau de source.

CRÈME D'AVOCAT

Au Brésil les vitaminas de avocado, *crème glacée à l'avocat et au lait sucré, se consomment à toute heure et à tous les âges. En effet, s'il est d'usage en Europe de déguster l'avocat en légume d'entrée ou d'accompagnement, ce délice originaire d'Amérique latine est en fait un fruit. Bourré d'énergie et de vitamines, il peut constituer la base d'un « repas-crudité ».*

• 1 avocat
• Jus de citron
• Sel breton

Coupez l'avocat en deux. À l'aide d'une cuillère, retirez la chair que vous passerez au mixer avec un filet de citron, une petite pincée de sel et de l'eau de source jusqu'à obtenir un liquide onctueux.

JUS DE TOMATE

Il est préférable d'attendre que bébé ait l'intestin plus mature pour digérer le jus, excellent mais très acide, de ce légume-fruit rapporté du Pérou au XVIe siècle. Il se mélange avec bonheur avec du jus de céleri.

• 2 tomates
• 1 tige de céleri

Épluchez la tige de céleri. Pelez et épépinez les tomates. Centrifugez. Allongez le jus recueilli de 1/3 d'eau de source. À sept mois, 60 g suffiront à votre enfant.

LES PREMIERS BOUILLONS DE LÉGUMES

Humm ! ça sent bon la soupe !

Dans le biberon, à l'âge liquide, dès la troisième semaine, le bouillon remplace l'eau de source et apporte au nourrisson sels minéraux, oligo-éléments et saveurs variées. Au début, c'est vous qui consommerez les légumes cuits, ensuite, à partir de trois mois, vous pourrez les mixer pour épaissir le biberon.

MODE D'EMPLOI POUR TOUS LES BOUILLONS

Mettez à bouillir dans votre autocuiseur 25 cl d'eau et plongez-y un légume épluché, coupé en morceaux, choisi bien ferme, pourquoi pas de culture biologique. Fermez l'autocuiseur et laissez cuire le temps nécessaire à partir de la rotation de la soupape.

BOUILLON DE CAROTTE

Cuisson : 15 minutes

On commence par le bouillon de carotte. La carotte donne un petit goût sucré dont raffole le futur gastronome.

Bouillon de carotte avec ses fanes.

Un autre jour, cuisez la carotte avec les fanes, bien lavées. Faites attention à ne laisser aucune trace de terre. La saveur du bouillon prend une nuance de noisette sucrée.

BOUILLON AU FENOUIL

Cuisson : 20 minutes

Le fenouil, l'ami des mères qui allaitent, est très proche de la carotte dans le sens où il est aussi un excellent régulateur intestinal. Sa saveur est anisée.

BOUILLON À LA BETTERAVE

Cuisson : 20 minutes

La betterave reminéralise et équilibre le système nerveux. Que les mamans ne s'inquiètent pas si son bouillon très rouge colore les selles de bébé !

BOUILLON À L'OIGNON

Cuisson : 10 minutes

Eh oui, de l'oignon pour les bébés ! Dans le bouillon il est très doux et sucré. C'est le légume qui contient le plus de sels minéraux, il stimule le pancréas.

BOUILLON AU NAVET

Cuisson : 10 minutes

Il n'y a pas de bon pot-au-feu sans navet. C'est, avec la carotte et le poireau, le légume par excellence du bon bouillon. En plus, c'est un draineur hépatique. N'oubliez pas de le couper en cubes ; il cuit plus vite et diffuse mieux sa saveur.

Bouillon au navet avec ses fanes.

Le lendemain, comme pour la carotte, on peut ajouter les fanes du navet.

BOUILLON AU CONCOMBRE

Cuisson : 7 minutes

Le concombre cuit a un goût très doux. En attendant que votre bébé ne le mange en entier, gardez-le pour accompagner du poisson, par exemple.

BOUILLON AU POIREAU

Cuisson : 20 minutes

Faites cuire un poireau entier coupé en tronçons. Son goût n'est pas du tout rébarbatif, au contraire. Bébé, habitué à des saveurs variées, l'appréciera tout à fait.

BOUILLON AU GERME DE BLÉ

Cuisson : 5 minutes

Les plantes germées contiennent l'énergie concentrée de toute la plante : les protéines, les sels minéraux, les vitamines, comme la fameuse vitamine B 12 si utile à la croissance. Elles sont donc particulièrement recommandées aux nourrissons qui apprécient leur saveur douce et sucrée.

Jetez une poignée de germes de blé dans l'eau froide, faites chauffer jusqu'à ce que l'eau frissonne.

BOUILLON AU GERME DE SOJA, germes de lentilles, de pois, de pois cassés...

Cuisson : 5 minutes

Soyez attentif au goût de votre enfant ! C'est lui qui vous guidera vers ses préférences selon l'appétit qu'il manifestera à la tétée.

Au bout de quelques semaines, vous pourrez associer tous les légumes entre eux. Pour l'éveil du goût, il est préférable de jouer sur les contrastes des saveurs et de ne pas tout mélanger trop rapidement.

Faites la même préparation que pour le bouillon au germe de blé.

II

L'âge fluide

(de 3 à 6 mois)

Ouf ! Trois mois, le petit Virgile ou la jolie Julie devient enfin un être sociable et possible à vivre. Il faut bien l'avouer maintenant, nos chères petites têtes blondes, brunes ou chauves ont une certaine tendance, durant cette période (de la naissance à trois mois), à fatiguer leur ascendance. Être jeunes parents ! Les yeux cernés, les mines épuisées en disent long sur les épreuves traversées. Bébé a toujours une dyspepsie[1] de travers et, quelle que soit son alimentation, on en finit toujours par se demander si les pharmaciens sont honnêtes (ce lait est-il vraiment bon ?), les épiciers des escrocs (les fruits et les légumes sont-ils frais ?) ou si l'on n'a pas commis un écart en ne reprenant pourtant que du poisson-pommes vapeur (allaitement maternel).

Ajoutons encore que, pendant ces quinze premières semaines, le répertoire linguistique de notre progéniture adorée reste assez limité :

• Cri strident = « J'ai besoin d'amour », « J'ai faim », « J'ai soif », « J'ai une sensation singulièrement désagréable au bas de ma personne (mes couuuches !) », « J'ai envie de dormir ».

• Cri lancinant, de volume plus faible que le précédent, mais tout aussi impérieux : signale les mêmes désagréments. Tout cela à un degré moindre mais qui risque de s'accentuer si l'on n'y répond pas rapidement.

• Colère bleue : survient lorsqu'on a négligé les deux premiers appels. Vos voisins vont prévenir la DDASS, ça vous est égal, ça vous reposera.

• Mimique, bouche ouverte, les commissures s'approchant des oreilles et qui finit parfois en grognement : expression que seul l'aveuglement d'une mère amoureuse peut prendre pour un sourire.

1. Trouble de la digestion.

• Sourire aux anges, véritable figure du bonheur = au sein, au biberon, ou quand il dort.

Tout un langage qui vous a obligés, plus souvent qu'à votre tour, à arpenter, soucieux, la chambre, l'appartement, la maison, voire les rues de votre quartier, agités d'un parkinson au niveau des bras dans lesquels était niché l'inconsolable chérubin. Langage qui vous a obligés aussi à faire l'acquisition de cette petite boule de caoutchouc affublée d'un Mickey, d'un Donald, d'un Pluto ou d'un autre joyeux décor : sucette que vous étiez pourtant résolus à ne jamais utiliser.

Bref, à trois mois, un peu avant (quelle chance !), un peu après (patience !), bébé entonne ses premières vocalises, reste tranquillement assis (si, si !) dans son transat et vous regarde, heureux, pendant que vous lui mitonnez de petits plats.

Le cauchemar est fini... jusqu'aux premières dents !

Biberons
collection particulière

De l'usage des farines

Pourquoi donner de la farine aux bébés ?

Parce que !

Cela vous fait rire ?... Vous pouvez consulter les nombreux manuels qui planchent sur cette intéressante question, vous ne trouverez pas d'autre réponse.

Rien n'oblige à donner de la farine aux enfants.

Personnellement, l'idée de transformer ma petite merveille en lutteur de sumo me semblait peu séduisante : Alice a donc goûté ses premières céréales à cinq mois. À cet âge, sa soupe au lait du soir ne lui suffisait plus, j'y ai donc ajouté, selon les jours, un peu de tapioca en poudre ou de la farine de maïs cuite, et nous y avons gagné, c'est vrai, quelques bienheureuses heures de sommeil.

La bouillie

L'avez-vous goûtée, cette préparation blanchâtre parfois grumeleuse qu'on nomme « bouillie » ? Pas franchement gastronomique... Ça cale bien, ça contient toutes les vitamines utiles et nécessaires, mais est-ce vraiment digeste ? L'association céréales et lait, c'est-à-dire féculents et matières grasses animales, est assimilée lentement par l'organisme qui a tendance à stocker la graisse. Pas étonnant que votre petit amour ressemble, s'il en consomme beaucoup, à un bouddha dodu. Pas étonnant, non plus, qu'il la recrache ou s'en serve comme base de projectile en agitant, joyeux, une cuillère enthousiaste.

Sauf cas particulier, il ne faut pas donner de farines aux tout-petits, car ils ne disposent pas de l'enzyme nécessaire à leur digestion.

Si vous désirez en proposer à votre enfant :

• Commencez par en ajouter au biberon du soir une cuillerée à café à partir de deux mois, deux mois et demi, ou plus tard chez les enfants qui dorment bien sans réclamer.

• Choisissez-les de préférence sans sucre ajouté.

• Les farines précuites peuvent être diluées instantanément, mais si votre enfant ne les digère pas très bien, il peut être nécessaire de les cuire quand même quelques minutes.

• Un mélange hautement indigeste : les cinq céréales, et plus encore si l'on y ajoute des fruits.

En résumé

Les céréales sont plus digestes :

• Bien cuites

• Non mélangées

• Associées à du lait ou à une soupe de légumes

LES LAITS DE FROMAGE FRAIS

• Du petit-suisse ou du fromage blanc, moins acide que le yaourt et plus facile à digérer que le lait frais.

• Du fromage de chèvre frais, moins gras et plus proche du lait maternel par sa composition.

• Quelques gouttes d'huile végétale de première pression à froid pour leurs précieux acides gras essentiels.

• Avec parfois un peu de sel breton pour ses excellents oligo-éléments.

• En mélange avec des fruits et des légumes crus pour leurs bonnes vitamines naturelles.

Le tout servi avec amour parce que c'est bon !

FROMAGE BLANC AU RAISIN ROUGE *(dès quatre mois)*

- 1 petite grappe de raisin rouge
- 40 g de fromage blanc en faisselle
- 4 gouttes d'huile de pépins de raisin de première pression à froid
- Jus de citron

Faites tremper la grappe de raisin quelques secondes dans de l'eau citronnée (pour en éliminer les traces éventuelles de pesticides).

Détachez les grains de raisin et centrifugez-les.

Ajoutez quelques gouttes de citron au jus recueilli et mixez-le avec le fromage blanc et l'huile de pépins de raisin. Versez le mélange dans le biberon et complétez avec de l'eau de source (environ 10 ml).

PETIT-SUISSE POIL DE CAROTTE *(dès quatre mois)*

- 1 carotte nouvelle (non traitée de préférence)
- 1 petit-suisse à 30 % de matière grasse
- 4 gouttes d'huile de tournesol de première pression à froid
- Jus de citron

Épluchez la carotte et centrifugez-la. Mixez le jus obtenu avec le petit-suisse et l'huile de tournesol. Versez cette crème dans le biberon et complétez avec de l'eau de source.

POMME FENOUIL AU PETIT-SUISSE *(dès quatre mois)*

Un mélange peu commun, pourtant délicieux, très digeste et particulièrement apprécié des bébés.

- 1 petit-suisse à 30 % de matière grasse
- 1/2 pomme
- 50 g de fenouil
- 4 gouttes d'huile de tournesol

Ôtez la peau et les pépins de la pomme, épluchez le fenouil. Centrifugez.

Mixez le jus recueilli avec le petit-suisse et l'huile de tournesol. Versez le mélange dans le biberon et complétez avec de l'eau de source.

CRÈME DE BANANE AU PETIT-SUISSE *(dès quatre mois)*

- 1/2 banane
- 1 petit-suisse
- 4 gouttes d'huile de pépins de raisin de première pression à froid

Passez tous les ingrédients au mixer avec quelques gouttes de citron pour empêcher la banane de noircir. Versez le mélange dans le biberon et complétez avec de l'eau de source. Secouez vigoureusement pour rendre la crème homogène.

CRÈME D'AVOCAT AU CHÈVRE FRAIS *(dès quatre mois)*

- 1/2 avocat
- 40 g de fromage de chèvre frais non salé
- Jus de citron (vert, de préférence)
- 1 pincée de sel breton

Coupez l'avocat en deux. À l'aide d'une cuillère, retirez la chair que vous passerez au mixer avec un filet de citron, une petite pincée de sel et le fromage de chèvre. Ajoutez de l'eau de source jusqu'à obtenir une crème onctueuse.

FROMAGE DE CHÈVRE FRAIS AU CRESSON *(dès quatre mois)*

Le cresson c'est bon, sain, stimulant et particulièrement riche en fer.

- 1/4 de botte de cresson
- 40 g de fromage de chèvre frais non salé
- 4 gouttes d'huile d'olive de première pression à froid
- Sel breton
- Jus de citron

Lavez soigneusement le cresson à l'eau citronnée. Essorez les feuilles et centrifugez-les. Mixez le jus recueilli avec le fromage de chèvre, l'huile d'olive, quelques gouttes de citron et une pincée de sel breton. Versez le mélange dans le biberon et complétez avec de l'eau de source.

MOUSSE DE POTIMARRON AU FROMAGE DE CHÈVRE FRAIS *(dès quatre mois)*

- 80 g de potimarron (un morceau de la grosseur d'une pomme de terre)
- 40 g de fromage de chèvre frais non salé
- 4 gouttes d'huile de tournesol de première pression à froid
- Sel breton

Épluchez le potimarron, coupez-le en gros dés et centrifugez-le. Mixez le jus recueilli avec le fromage de chèvre, l'huile de tournesol et une pincée de sel. Versez le mélange dans le biberon et complétez avec de l'eau de source.

MANGE TA SOUPE, TU GRANDIRAS !

Bébé a quatre mois. Depuis sa naissance il a testé différentes consistances à l'intérieur de son « bib ». Le soir, pour faire une bonne nuit, sa maman a déjà épaissi le lait en ajoutant de la fécule de céréales. Maintenant tous les légumes mixés ou moulinés entrent victorieusement dans son alimentation.

Enfin, vous pouvez partager avec lui les délices gastronomiques des potages. C'est un grand !

À l'origine, la soupe, c'est le morceau de pain que l'on mettait à tremper dans le potage... Calmant les violences de la faim, effaçant les fatigues du jour, la soupe est le médecin de la maison.

À l'abordage ! Euh... Non ! À la soupe !

Oublions les explorateurs qui furent précipités avec trois racines et quelques herbes dans des grandes marmites. La soupe, on en fait depuis « l'âge du feu », et c'est pas sorcier !

On y met pratiquement n'importe quoi : des légumes, de la viande, des os, des vieilles carcasses, des restes, de l'eau, du lait[1] *et même de la bière et du vin. Je vous conseille cependant de débuter ou de faire vos gammes avec ces quelques recettes qui, elles, sont garanties parfaitement digestes et savoureuses.*

1. Soupes au lait : déconseillées à ceux qui ont mauvais caractère ou plus exactement tendance aux débordements.

Ma première soupe au Potiron

SOUPE AUX POIREAUX *(dès quatre mois)*

Le poireau, que l'on retrouve dans tous les potagers d'Europe, est le symbole de la bonne soupe. Les Français l'aiment tant qu'ils en ont fait une décoration, le symbole du Mérite agricole.

On peut le manger cru, poêlé, bouilli, en tarte, en tourte. Il est très apprécié pour l'arôme qu'il donne au court-bouillon et, comme on dit pudiquement, il « fait aller ».

Recette pour 3
Préparation : 5 minutes
Cuisson : 15 minutes en autocuiseur

- 1 poireau entier
- 3 pommes de terre
- 1 cube de bouillon de poule[1]
- 3/4 de litre d'eau
- 2 cuillerées à soupe de crème fraîche
- Sel breton
- Poivre pour les adultes

Lavez le poireau et coupez-le en tronçons, épluchez, lavez les pommes de terre et coupez-les en morceaux, émiettez le cube de bouillon de poule, versez dessus de l'eau bouillante, mélangez et ajoutez les légumes. Fermez l'autocuiseur et laissez cuire 15 minutes après la rotation de la soupape. Puis mixez pour obtenir une préparation onctueuse.

Au moment de servir ajoutez la crème fraîche ou une noix de beurre frais, puis **prélevez la part de bébé.** Rectifiez l'assaisonnement pour les adultes en ajoutant du poivre et du gruyère râpé.

1. Le bouillon en cube est un excellent agent de saveur, mais attention ! il contient du sel, n'en rajoutez donc pas trop.

Si vous n'avez pas d'autocuiseur, vous pouvez réaliser la même recette dans une casserole en laissant cuire 25 minutes.

SOUPE GOURMANDE AUX POIREAUX *(dès neuf mois)*

Vous pouvez réaliser cette recette en faisant revenir doucement les légumes avec une noix de beurre et une cuillerée d'huile dans l'autocuiseur avant de la faire cuire avec le bouillon. Vous pouvez également ajouter du lait de vache au moment de mixer.

SOUPE JULIENNE *(dès quatre mois)*

La soupe julienne, c'est le plat de base, le grand classique hivernal de la cuisine traditionnelle, la « tout-légume » de campagne. Cet assortiment de légumes existe en barquette sur tous les marchés. Et même surgelé, tout épluché.

Recette pour 3
Préparation : 10 minutes
Cuisson : 20 minutes en autocuiseur

- 1 oignon
- 1 poireau
- 1 navet
- 2 carottes
- 2 pommes de terre
- 3/4 de litre d'eau
- 2 brins de persil
- Sel breton
- Poivre pour les adultes

Épluchez tous les légumes, coupez-les en morceaux et jetez-les dans l'eau bouillante salée. Fermez l'autocuiseur et laissez cuire 20 minutes après la rotation de la soupape. **Prélevez la part de bébé.** Rectifiez l'assaisonnement pour les adultes en ajoutant du poivre.

Si vous n'avez pas d'autocuiseur, vous pouvez réaliser la même recette dans une casserole en laissant cuire 25 minutes.

SOUPE JULIENNE PAYSANNE *(dès douze mois)*

Vous pouvez réaliser cette recette en faisant revenir doucement les légumes avec une noix de beurre et une cuillerée d'huile dans l'autocuiseur ou avec un morceau de lard avant de faire cuire dans l'eau. Si tous les légumes ont été coupés en petits morceaux avant la cuisson, on peut manger cette soupe non mixée, c'est aussi excellent.

CRÈME DE CONCOMBRE *(dès quatre mois)*

Le concombre est le fruit d'une cucurbitacée de la famille du potiron, et ron, et rond, petit patapon !

Recette pour 3
Préparation : 5 minutes
Cuisson : 10 minutes en autocuiseur + 2 minutes

- 1 concombre
- 3 pommes de terre
- 3/4 de litre d'eau
- 2 cuillerées à soupe de Maïzena

• 2 cuillerées à soupe de crème fraîche
• Sel breton
• Poivre et noix de muscade pour les adultes

Épluchez, épépinez le concombre et coupez-le en dés. Épluchez et coupez également les pommes de terre et jetez le tout dans l'eau bouillante salée. Fermez l'autocuiseur et laissez cuire 10 minutes après la rotation de la soupape. Ouvrez l'autocuiseur, versez la Maïzena mélangée avec la crème. Remuez. En 2 minutes la préparation s'épaissit. Mixez, c'est prêt. Au moment de servir, **prélevez la part de bébé.** Rectifiez l'assaisonnement pour les adultes en ajoutant du poivre, de la noix de muscade, du persil haché.

Si vous n'avez pas d'autocuiscur, vous pouvez réaliser la même recette dans une casserole en laissant cuire 25 minutes.

SOUPE GARÇONS ET FILLES AU CHOU-FLEUR *(dès quatre mois)*

On dit que les garçons poussent dans les choux et les filles dans les fleurs. Le chou-fleur, moins fort que le chou blanc, se digère très bien et fait une excellente soupe d'hiver aussi bonne pour les garçons que pour les filles.

Recette pour 3
Préparation : 5 minutes
Cuisson : 10 minutes en autocuiseur

• 1 blanc de poireau
• 2 pommes de terre
• 200 g de chou-fleur

- 1 cuillerée à soupe de crème fraîche froide
- 3/4 de litre d'eau
- Sel breton
- Poivre, noix de muscade, gruyère râpé pour les adultes

Épluchez et lavez le blanc de poireau, coupez-le en rondelles. Épluchez et coupez en morceaux les pommes de terre, coupez en gros morceaux le chou-fleur, jetez les légumes dans l'eau bouillante salée. Fermez l'autocuiseur et laissez cuire 10 minutes après la rotation de la soupape. Puis mixez avec la crème fraîche pour obtenir une préparation onctueuse.

Au moment de servir, **prélevez la part de bébé.** Rectifiez l'assaisonnement pour les adultes avec du poivre et de la noix de muscade.

Vous pouvez varier la préparation en ajoutant du gruyère râpé dans les assiettes.

Si vous n'avez pas d'autocuiseur, vous pouvez réaliser la même recette dans une casserole en laissant cuire 20 minutes.

SOUPE À LA TOMATE *(dès quatre mois)*

La tomate, ou pomme d'or, est le fruit chéri du jardinier, qui, au printemps, dit-on, irait jusqu'à se déshabiller devant elle pour la faire rougir.

Recette pour 3
Préparation : 5 minutes
Cuisson : 10 minutes en autocuiseur

- 1 oignon
- 4 belles tomates
- 3 pommes de terre

- 3/4 de litre d'eau
- 2 cuillerées de crème fraîche
- Sel breton
- Poivre pour les adultes
- Fines herbes
- 1 filet de vinaigre

Épluchez et coupez en morceaux l'oignon et les pommes de terre. Coupez en gros morceaux les tomates pelées, puis jetez les légumes dans l'eau bouillante salée. Fermez l'autocuiseur et laissez cuire 10 minutes après la rotation de la soupape, puis mixez avec la crème fraîche pour obtenir une préparation onctueuse.

Au moment de servir, **prélevez la part de bébé.** Rectifiez l'assaisonnement pour les adultes en ajoutant du poivre, un filet de vinaigre, des fines herbes.

Pour éviter de pleurer, passez les oignons sous l'eau en les épluchant.

Pour peler facilement les tomates, plongez-les quelques instants dans une casserole d'eau bouillante. La peau de la tomate ébouillantée se fripe et glisse entre les doigts et la pulpe.

Si vous n'avez pas d'autocuiseur, vous pouvez réaliser la même recette dans une casserole en laissant cuire 20 minutes.

SOUPE GOURMANDE À LA TOMATE *(dès six mois)*

Vous pouvez réaliser cette recette en faisant revenir doucement les légumes avec une noix de beurre et une cuillerée d'huile dans l'autocuiseur avant d'ajouter l'eau salée et de faire cuire.

SOUPE MINUTE À LA TOMATE *(dès quatre mois)*

Quand on a un reste de pommes de terre, de pâtes ou de riz.

Recette pour 3
Préparation : 5 minutes
Cuisson : 3 minutes

- 1 oignon
- 3 tomates
- 1 bol de féculents cuits
- 1 cuillerée de concentré de tomate
- 3/4 de litre d'eau
- 2 cuillerées de crème fraîche
- Sel breton
- Poivre pour les adultes

Faites chauffer 3/4 de litre d'eau salée.

Dans votre mixer, mettez : 1 cuillerée à soupe de blanc de poireau cru coupé en morceaux, l'oignon, la crème fraîche, les tomates et votre reste de féculents cuits, le concentré de tomate. Versez dessus l'eau bouillante salée, faites tourner. C'est prêt. Ce potage a du caractère, il a un goût de fraîcheur très agréable.

SOUPE PETIT POISSON *(dès cinq mois)*

Recette pour 3
Préparation : 15 minutes
Cuisson : 15 minutes en autocuiseur

- 1 petit merlan ou une queue de lieu noir (200 g)
- 1 blanc de poireau

- 1 oignon
- 1 carotte
- 2 pommes de terre
- 1 cuillerée à soupe rase de concentré de tomate
- 1/2 sachet de court-bouillon
- 1 cuillerée à soupe d'huile d'olive de première pression à froid
- Poivre ou piment doux pour les adultes

Lavez, épluchez et coupez en morceaux les pommes de terre, le poireau, l'oignon et la carotte. Diluez le court-bouillon dans l'eau froide. Videz et coupez le poisson en trois morceaux, sans oublier la tête. Plongez-le avec tous les légumes et le concentré de tomate dans le bouillon. Fermez l'autocuiseur et laissez cuire 15 minutes après la rotation de la soupape. Ensuite, retirez la tête, la queue et les arêtes du poisson qui s'est défait à la cuisson, versez l'huile dans l'autocuiseur, puis mixez et **prélevez la part de bébé.** Rectifiez l'assaisonnement pour les adultes en ajoutant du poivre ou du piment doux.

Vous pouvez déguster avec des petits croûtons frits à l'huile et à l'ail. Pour éviter de pleurer, passez les oignons sous l'eau en les épluchant.

Si vous n'avez pas d'autocuiseur, vous pouvez réaliser la même recette dans une casserole en laissant cuire 25 minutes.

POTAGE À LA LAITUE *(dès six mois)*

Un légume à l'accent anglais !

Mes laitues naissent-elles ? Yes, mes laitues naissent. Si tes laitues naissent, mes laitues naîtront.

Recette pour 3
Préparation : 5 minutes

Cuisson : 10 minutes

- 1 grosse laitue ou 2 cœurs de laitue
- 3/4 de litre de lait
- 2 cuillerées de Maïzena (facultatif)
- Sel breton
- 1 pincée de curry en poudre
- Poivre pour les adultes

Enlevez les feuilles abîmées de la laitue, lavez-la puis hachez-la finement avant de la faire revenir quelques minutes dans le fond de l'autocuiseur avec un morceau de beurre et une petite cuillerée d'huile de tournesol (l'huile empêche le beurre de noircir en chauffant et le rend plus digeste). Ajoutez la pincée de curry, puis mouillez avec le lait, salez et portez à ébullition. C'est prêt. Pour épaissir, vous pouvez ajouter 2 cuillerées à soupe de Maïzena préalablement diluée dans un peu d'eau.

Au moment de servir, **prélevez la part de bébé.** Rectifiez l'assaisonnement pour les adultes en ajoutant du poivre.

SOUPES DE FEUILLES *(dès six mois)*

À vous d'innover !

Vous pouvez réaliser la même recette en remplaçant la laitue par du chou chinois, des fanes de radis, des endives, du fenouil, des épinards, du cresson, du basilic et de l'ail. Vous pouvez aussi la remplacer par un ou plusieurs de ces légumes. C'est toujours aussi savoureux.

SOUPE JARDINIÈRE *(dès six mois)*

Vive le printemps ! Le temps des cerises et des légumes nouveaux...

Recette pour 3
Préparation : 15 minutes
Cuisson : 15 minutes en autocuiseur

- 1 poignée de petits pois
- 1 poignée de haricots verts (variété sans fil)
- 3 carottes nouvelles
- 2 navets
- 1 tomate
- 1 oignon
- 1 cuillerée à soupe de fond de veau
- 3/4 de litre d'eau
- Sel breton
- Poivre pour les adultes

Épluchez et coupez en morceaux les carottes, les navets, l'oignon. Écossez les petits pois, équeutez les haricots et coupez-les aussi en morceaux.

Faites revenir quelques minutes dans le fond de l'autocuiseur, dans une noisette de beurre et une petite cuillerée d'huile de tournesol, l'oignon, puis la tomate et les autres légumes. Saupoudrez de fond de veau ou, si vous en manquez, d'un cube de bouillon émietté. Versez dessus l'eau bouillante salée, fermez l'autocuiseur et laissez cuire 15 minutes après la rotation de la soupape.

Prélevez la part de bébé pour la mixer. Les adultes ou les enfants qui ont des dents peuvent manger cette soupe non mixée. Rectifiez l'assaisonnement pour les adultes avec du poivre.

Le fond de veau nécessite de longues heures de cuisson, mais on le trouve tout prêt dans le commerce. C'est le secret des grands cuisiniers, car il donne bon goût à tout. Le bouillon en cube est aussi un excellent agent de saveur, mais attention, il est salé : ne rajoutez pas trop de sel.

Si vous n'avez pas d'autocuiseur, vous pouvez réaliser la même recette dans une casserole en laissant cuire 25 minutes.

SOUPE BLANCHE-NEIGE À LA CRÈME DE CÉLERI *(dès six mois)*

Recette pour 3
Préparation : 5 minutes
Cuisson : 20 minutes en autocuiseur

- 1 pied de céleri
- 1/2 litre d'eau
- 1 grand verre de lait
- 1 jaune d'œuf
- 3 feuilles de sauge
- 1/2 citron
- 2 cuillerées à soupe de crème fraîche
- Sel breton

Épluchez, nettoyez et coupez le céleri en lamelles que vous faites revenir dans le fond de l'autocuiseur avec un morceau de beurre et une petite cuillerée d'huile de tournesol. Versez dessus l'eau bouillante salée, ajoutez le demi-citron et les feuilles de sauge. Fermez l'autocuiseur et laissez cuire 15 minutes après la rotation de la soupape.

Pendant ce temps, battez le jaune d'œuf dans la crème et le lait. Ouvrez l'autocuiseur et versez-y le mélange. Écrasez le citron cuit entre deux cuillères pour en extirper la saveur, retirez-le, puis mixez l'ensemble.

Au moment de servir, **prélevez la part de bébé.** Rectifiez l'assaisonnement pour les adultes en ajoutant du poivre et de la noix de muscade. Cette soupe est parfaite accompagnée de croûtons frits au beurre.

Si vous n'avez pas d'autocuiseur, vous pouvez réaliser la même recette dans une casserole en laissant cuire 40 minutes.

SOUPE DES ÉCOSSAIS *(dès six mois)*

Recette pour 3
Préparation : 15 minutes
Cuisson : 15 minutes en autocuiseur

- 200 g de haricots blancs frais à écosser
- 1 poignée de petits pois
- 1 carotte
- 1 oignon
- 3 brins de persil
- 3/4 de litre d'eau
- 1 cuillerée de crème fraîche
- 1 verre de lait
- 1 jaune d'œuf
- Sel breton
- Poivre pour les adultes

Équeutez les haricots, écossez les petits pois. Épluchez et coupez en morceaux la carotte et l'oignon. Faites revenir dans l'autocuiseur avec un morceau de beurre et une petite cuillerée d'huile de tournesol. Versez dessus l'eau bouillante salée. Fermez l'autocuiseur et laissez cuire 15 minutes après la rotation de la soupape.

Pendant ce temps, battez le jaune d'œuf avec la crème et le lait. Ouvrez l'autocuiseur et versez-y le mélange. **Prélevez la part de bébé,** que vous mixez. Rectifiez l'assaisonnement pour les adultes en ajoutant du poivre et du persil haché. Vous pouvez écraser les légumes à la fourchette dans les assiettes et rajouter de la crème à volonté.

Si vous n'avez pas d'autocuiseur, vous pouvez réaliser la même recette dans une casserole en laissant cuire 35 minutes.

SOUPE CENDRILLON AU POTIRON *(dès six mois)*

Recette pour 3
Préparation : 5 minutes
Cuisson : 10 minutes en autocuiseur

- 300 g de chair de potiron
- 2 pommes de terre
- 3/4 de litre d'eau
- 1 verre de lait ou 2 cuillerées de crème fraîche
- Sel breton
- Poivre et/ou gingembre en poudre pour les adultes

Mettez les pommes de terre et le potiron coupés en morceaux dans l'autocuiseur avec l'eau et le sel. Fermez l'autocuiseur et laissez cuire 10 minutes après la rotation de la soupape. Mixez et ajoutez le lait ou la crème pour obtenir une préparation onctueuse à souhait.

Au moment de servir, **prélevez la part de bébé.** Rectifiez l'assaisonnement pour les adultes en ajoutant, selon votre goût, poivre et/ou gingembre en poudre.

POUR VARIER LES PLAISIRS

On peut faire la soupe au potiron en ajoutant des carottes pelées et coupées en morceaux.

La recette est aussi excellente en mariant le potiron avec des épinards, quelques feuilles lavées à l'eau claire ou un bon morceau de fenouil frais coupé, environ un tiers de bulbe.

Si vous n'avez pas d'autocuiseur, vous pouvez réaliser la même recette dans une casserole, mais il faut surveiller la cuisson, qui est plus longue, environ 30 minutes.

SOUPE CHAPERON ROUGE AUX CHAMPIGNONS *(dès six mois)*

Recette pour 3
Préparation : 7 minutes
Cuisson : 5 minutes en autocuiseur

- 300 g de champignons de Paris
- 3 beaux oignons
- 3/4 de litre d'eau ou de bouillon de poule
- 2 cuillerées à soupe de Maïzena
- 1 cuillerée à soupe d'huile de première pression à froid ou 2 cuillerées de crème fraîche
- Sel breton
- Poivre pour les adultes

Enlevez la partie sableuse des champignons, lavez-les et coupez-les en morceaux. Épluchez et coupez en lamelles les oignons que vous faites blondir dans le fond de l'autocuiseur avec une cuillerée d'huile, puis ajoutez les champignons. Versez dessus 3/4 de litre d'eau ou de bouillon de poule (1 cube de bouillon émietté dans de l'eau bouillante), salez, fermez l'autocuiseur et faites cuire 5 minutes après la rotation de la soupape.

Diluez la Maïzena dans un petit peu d'eau froide. Ouvrez ensuite l'autocuiseur, versez-y la crème fraîche et la Maïzena. En 2 minutes, le mélange épaissit. Passez au mixer. C'est prêt. Au moment de servir, **prélevez la part de bébé.** Rectifiez l'assaisonnement pour les adultes en ajoutant du poivre.

Si vous n'avez pas d'autocuiseur, vous pouvez réaliser la même recette dans une casserole en laissant cuire champignons et oignons 10 bonnes minutes.

SOUPE PETIT POUCET *(dès douze mois)*

Haricots, pois cassés, lentilles, fèves…

Ah ! les bonnes soupes de légumes secs ! On se demande pourquoi on n'en mange pas plus souvent !

Recette pour 3
Préparation : 5 minutes
Cuisson : 30 minutes en autocuiseur

- 150 g de pois cassés
- 1 carotte
- 1 oignon
- 1 verre de lait
- 1 cuillerée à soupe de miel

- 1 feuille de laurier
- 1 pincée de bicarbonate
- Poivre et croûtons frits pour les adultes

Épluchez et coupez en morceaux la carotte et l'oignon, mettez-les avec les pois cassés et la feuille de laurier dans l'autocuiseur, versez dessus l'eau bouillante salée et la pincée de bicarbonate. Fermez l'autocuiseur et laissez cuire 20 minutes après la rotation de la soupape. Ouvrez l'autocuiseur, versez le lait et le miel, laissez chauffer quelques instants, puis mixez.

Au moment de servir, **prélevez la part de bébé.** Rectifiez l'assaisonnement pour les adultes en ajoutant de la crème fraîche, du poivre et des croûtons frits au beurre.

Le bicarbonate a l'avantage de supprimer chez les gens fragiles les problèmes de flatulences. En toute petite quantité, il est sans danger pour bébé.

Si vous n'avez pas d'autocuiseur, vous pouvez réaliser la même recette dans une casserole, en laissant cuire 45 minutes.

SOUPE AUX HARICOTS ROUGES *(dès douze mois)*

Les haricots rouges sont très appréciés aux Antilles et en Amérique latine. Ils sont à la base de quantité de recettes exotiques. On les mange en soupes, en ragoûts, en légumes. Ils sont souvent accompagnés de piment, de viande, de poisson ainsi que de riz.

Recette pour 3
Préparation : 5 minutes

Cuisson : 45 minutes en autocuiseur

- 150 g de haricots rouges
- 1 carotte
- 1 oignon
- 3/4 de litre d'eau
- 1 cube de bouillon de bœuf
- 3 cuillerées à soupe d'huile d'olive de première pression à froid
- 1 feuille de laurier
- 1 pincée de bicarbonate
- Sel breton
- 1 pincée de piment pour les adultes
- 1 oignon haché et frit pour les adultes

Épluchez et coupez en morceaux la carotte et l'oignon. Mettez-les avec les haricots rouges et la feuille de laurier dans l'autocuiseur, versez dessus le bouillon de bœuf et ajoutez la pincée de bicarbonate. Fermez l'autocuiseur et laissez cuire 30 minutes après la rotation de la soupape. Ouvrez l'autocuiseur, ajoutez l'huile d'olive.

Prélevez la part de bébé, que vous mixez. Rectifiez l'assaisonnement pour les adultes en ajoutant du piment. Vous pouvez écraser les légumes à la fourchette dans les assiettes et rajouter des petits oignons frits à volonté.

Si vous n'avez pas d'autocuiseur, vous pouvez réaliser la même recette dans une casserole, en laissant cuire 50 minutes.

Soupe petit poisson

Mais quel lambin !

Il joue avec sa cuillère, il patauge, et la soupe est refroidie !

Eurêka ! Donnez-lui des soupes froides, elles ont de belles couleurs, et c'est tellement meilleur en été !

VICHYSSOISE ROSE-MARIE *(dès quatre mois)*

La vichyssoise est simplement une soupe de poireaux et de pommes de terre avec de la crème, un demi-concombre et des herbes fraîches.

Recette pour 3
Préparation : 5 minutes
Cuisson : 10 minutes en autocuiseur

- 1 blanc de poireau
- 2 belles pommes de terre cuites ou un reste de riz cuit
- 1 cuillerée à soupe de fond de veau en poudre (se trouve dans le commerce)
- 1/2 litre d'eau
- 1 cuillerée à soupe d'huile de tournesol
- 1 branche de cerfeuil ou de fenouil
- 1 concombre
- 1 cuillerée à soupe de crème fraîche froide ou de fromage blanc
- Sel breton
- Poivre dans l'assiette des adultes

Lavez et coupez le blanc de poireau en tronçons et faites-le revenir rapidement dans l'autocuiseur avec un morceau de beurre et la cuillerée d'huile. Épluchez, lavez et coupez en morceaux les pommes de terre. Jetez-les dans l'autocuiseur. Saupoudrez de fond de veau, ou, si vous en manquez, d'un cube de bouillon émietté. Versez dessus l'eau bouillante salée. Fermez l'autocuiseur et laissez cuire 10 minutes après la rotation de la soupape.

Mixez la soupe avec le concombre épluché, épépiné et coupé en morceaux, le fenouil ou le cerfeuil, la crème fraîche et le sel. C'est fait. Il n'y a plus qu'à laisser refroidir. Au moment de servir, **prélevez la part de bébé.** Rectifiez l'assaisonnement pour les adultes en ajoutant du poivre.

Pour refroidir instantanément la soupe, ajoutez quelques glaçons et remuez.

SOUPE DE MELON *(dès quatre mois)*

La soupe de melon est un délice, et c'est une excellente manière de manger le melon quand il n'est pas très sucré.

Recette pour 3
Préparation : 10 minutes
Cuisson : 7 minutes

- 300 g d'oignons hachés (4 environ)
- 1 melon de 1 kg
- 1 petite cuillerée à café de sucre
- 3 cuillerées à soupe d'amandes effilées

Épluchez les oignons sous l'eau courante (pour ne pas pleurer). Hachez-les dans votre mixer. Mettez-les ensuite dans une assiette que vous recouvrirez d'un film transparent ou d'un couvercle pour les cuire dans le four à micro-ondes pendant 7 minutes, puissance maximale.

Épépinez le melon. Retirez sa chair à l'aide d'une cuillère à soupe.

Mixez les oignons cuits, la chair du melon, la cuillerée de sucre pour obtenir une préparation fluide.

Cette soupe est meilleure préparée à l'avance et peut être gardée au réfrigérateur quelques heures dans une boîte hermétique.

Au moment de servir, **prélevez la part de bébé.** Faites dorer les amandes effilées dans une poêle et saupoudrez-en les assiettes des adultes.

SOUPE D'AVOCAT *(dès quatre mois)*

La soupe d'avocat est une soupe d'hiver, pleine de bonnes vitamines, excellente pour combattre les rhumes. C'est un plat bien plus original et plus digeste que l'avocat vinaigrette, et il a une très jolie couleur vert pistache.

Recette pour 3
Préparation : 15 minutes
Cuisson : 7 minutes

- 1 carotte
- 2 avocats
- 1 citron
- 4 yaourts
- 1 pincée de sel breton
- 1 tige de basilic ou de menthe fraîche
- Poivre pour les adultes

Épluchez la carotte et râpez-la dans votre mixer. Mettez-la dans une assiette que vous recouvrez d'un film transparent ou d'un couvercle pour la cuire dans le four à micro-ondes, 7 minutes, puissance maximale.

Dénoyautez 2 avocats puis prélevez leur chair à l'aide d'une cuillère à soupe. Pressez le jus du citron. Dans le mixer, rassemblez la carotte cuite, la chair d'avocat, le basilic, les yaourts, le jus de citron et le sel. Faites tourner pour obtenir une préparation fluide.

Cette soupe est meilleure préparée à l'avance et peut être gardée au réfrigérateur quelques heures dans une boîte hermétique.

À partir de six mois, vous pouvez épaissir la préparation en ajoutant dans le mixer une tranche de pain rassis trempée dans de l'eau de source et dont vous aurez extrait l'eau en la pressant dans la main. Vous pouvez également varier l'assaisonnement en ajoutant les feuilles d'une tige de menthe fraîche.

Au moment de servir, **prélevez la part de bébé** (l'équivalent d'un petit pot). Rectifiez l'assaisonnement pour les adultes en ajoutant du poivre.

SOUPE ANISETTE *(dès quatre mois)*

Fraîche et originale, la soupe anisette va bien avec les bains de mer et le soleil du Midi.

Recette pour 3
Préparation : 7 minutes
Cuisson : 10 minutes en autocuiseur

- 1 pied de fenouil
- 1 branche de céleri
- 1 grosse courgette
- 1/2 avocat
- 1/2 litre d'eau

- 2 yaourts
- 2 étoiles d'anis étoilé
- Sel breton

Lavez, épluchez et émincez le céleri, le fenouil et la courgette. Jetez-les dans l'eau bouillante salée avec l'anis étoilé. Fermez l'autocuiseur et laissez cuire 10 minutes après la rotation de la soupape.

Prélevez la chair de l'avocat avec une cuillère à soupe et mettez-la dans votre mixer avec les yaourts, versez dessus la soupe et faites tourner pour obtenir une préparation fluide. Laissez refroidir 1 heure au réfrigérateur.

Au moment de servir, **prélevez la part de bébé.** Rectifiez l'assaisonnement pour les adultes en ajoutant du poivre.

Cette soupe accompagne très bien de petits pâtés de viande en croûte.

L'anis étoilé ou badiane est en vente dans le commerce. Il est généralement utilisé en tisane pour ses vertus digestives. On peut le remplacer pour les adultes par une goutte de Pernod.

Pour refroidir instantanément la soupe, ajoutez quelques glaçons et remuez.

Si vous n'avez pas d'autocuiseur, vous pouvez réaliser la même recette dans une casserole en laissant cuire 25 minutes.

SOUPE D'ASPERGES *(dès neuf mois)*

Quand vient la saison des asperges, on n'a pas toujours le temps ou les moyens de préparer des quantités d'asperges ; en revanche on peut toujours préparer une bonne soupe.

Recette pour 3
Préparation : 10 minutes
Cuisson : 10 minutes en autocuiseur

- 200 g d'asperges
- 1/2 litre d'eau
- 1 grand verre de lait
- 2 cuillerées à soupe de Maïzena
- 1 jaune d'œuf
- 2 cuillerées à soupe de crème fraîche
- 1/2 citron
- 2 branches d'estragon
- Sel breton
- Poivre pour les adultes

Épluchez, nettoyez les asperges, que vous plongez dans l'eau bouillante salée. Fermez l'autocuiseur et laissez cuire 7 minutes après la rotation de la soupape. Ouvrez l'autocuiseur, retirez délicatement les asperges. Réservez les têtes, qui resteront entières dans les assiettes. Mixez les tiges des asperges avec le bouillon de cuisson et filtrez pour qu'il ne reste pas de filaments. Reversez dans l'autocuiseur avec la Maïzena que vous avez délayée dans le lait froid, et faites chauffer 1 minute afin que la soupe épaississe. Battez le jaune d'œuf dans la crème avec le jus de citron et l'estragon. Versez sur la soupe en tournant. C'est prêt. Au moment de servir, **prélevez la part de bébé.** Rectifiez l'assaisonnement pour les adultes en ajoutant du poivre.

Cette soupe est aussi très appréciée chaude.

Il faut bien nettoyer les asperges afin qu'il ne reste pas de grains de sable qui croquent de façon désagréable sous la dent.

Pour refroidir instantanément la soupe, ajoutez quelques glaçons et remuez.

Si vous n'avez pas d'autocuiseur, vous pouvez réaliser la même recette dans une casserole en laissant cuire les asperges 30 minutes.

GASPACHO D'ENFANT *(dès neuf mois)*

Le gaspacho est une soupe d'été fraîche, très prisée des Espagnols. Son principe est extrêmement simple. À la base, disons que c'est une salade de tomates mixée. À partir de cela, on peut imaginer toutes les variantes. Voici la mienne :

Recette pour 3
Préparation : 10/12 minutes
Cuisson au micro-ondes : 8 minutes

- 3 tomates fraîches pelées
- 1 cuillerée à soupe rase de concentré de tomate
- 1/2 poivron rouge
- 1/2 gousse d'ail
- 1 oignon moyen
- 1 branche de basilic
- 1 tranche de pain rassis
- 2 cuillerées à soupe d'huile d'olive de première pression à froid
- 1 filet de vinaigre
- Sel breton
- Poivre et Tabasco pour les adultes

Faites tremper dans une assiette la tranche de pain rassis en versant dessus un verre d'eau de source. Pendant ce temps, mettez le demi-poivron épépiné et coupé en gros morceaux dans une assiette recouverte d'un film transparent ou d'un couvercle pour le faire cuire dans le four à micro-ondes : 5 minutes, chaleur maximale ; faites cuire ainsi l'oignon avec sa peau : 2 minutes, la gousse d'ail avec la peau : 1 minute.

Dans votre mixer, mettez les tomates épluchées, la cuillerée de concentré de tomate, l'oignon et la gousse d'ail à demi cuits et épluchés, le pain trempé avec les ingrédients d'une vinaigrette : l'huile et le vinaigre, le sel et le basilic. Mixez pour bien homogénéiser.

Au moment de servir, **prélevez la part de bébé.** Rectifiez l'assaisonnement, avec du poivre et un filet de Tabasco pour les adultes.

Cette soupe est meilleure préparée à l'avance et peut être gardée au réfrigérateur une demi-journée.

Il est important de peler les tomates, parce que les petits morceaux de peau mixés sont durs et ne donnent pas une bonne consistance à la soupe. Pour les peler facilement, plongez-les quelques instants dans une casserole d'eau bouillante. La peau de la tomate ébouillantée se fripe et glisse entre les doigts et la pulpe.

La cuisson au four à micro-ondes permet de ne pas pleurer en épluchant les oignons ; votre enfant n'aura pas de problèmes de digestion ni vous mauvaise haleine à cause de l'ail.

Si vous n'avez pas de basilic, vous pouvez le remplacer par de la ciboulette.

VARIATION pour les grands

Suivre la même recette avec tous les ingrédients crus : ail, oignon, poivron…

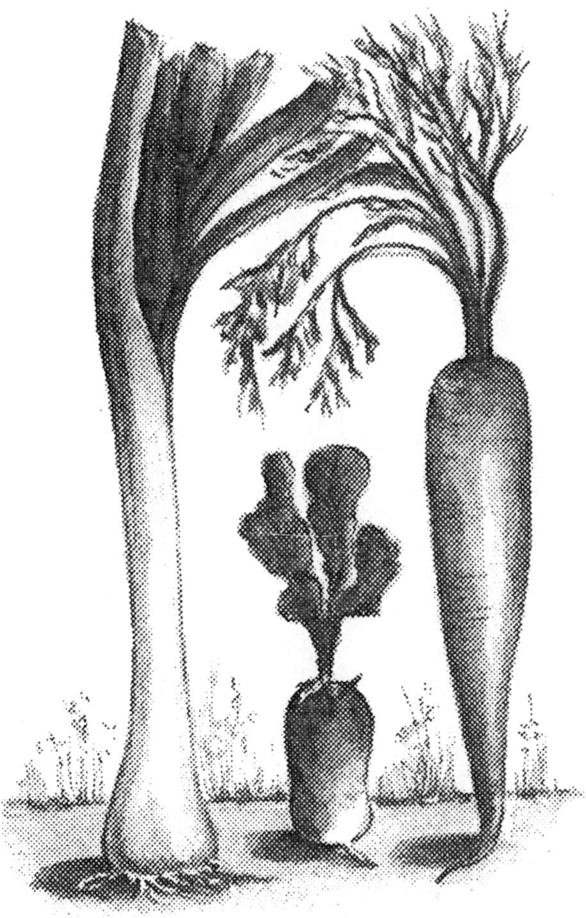

III

L'âge solide

(à partir de 6 mois)

Les consistances

À l'âge solide, il est très important d'habituer notre futur épicurien à mâcher. Avec les petits pots et les aliments systématiquement passés au mixer, les enfants aiment de moins en moins le dur. Si le mou est encore très attirant et plus rapide à avaler, quand leurs dents poussent, les enfants apprécient beaucoup le croquant de la pomme ou de la carotte crue, le croustillant de la biscotte.

Au cours de la journée, ou même d'un seul repas, il est excellent de faire goûter des aliments de consistances différentes et d'introduire dans les repas de bébé, dès la fin du quatrième mois, des aliments moulinés, hachés menu, et même quelques grammes de jambon râpé.

Les légumes se mangent aussi avec les yeux

Si l'agriculture a fait sortir les hommes des cavernes, si Adam et Ève ont quitté le paradis terrestre pour avoir croqué une pomme, si depuis la plus haute Antiquité les artistes ont peint des légumes, c'est parce qu'ils symbolisent les plaisirs de tous les sens.

La vue, l'ouïe, l'odorat, le toucher, le goût

Au lieu de donner à mâchonner du caoutchouc à votre enfant pour qu'il se fasse les dents, donnez-lui à sucer du radis blanc, de la carotte crue, des branches de fenouil ou de céleri. Les bébés des tropiques, eux, sucent de la canne à sucre.

Stimuler le sens du toucher fait partie de l'apprentissage du goût

Amusez-vous à lui faire découvrir :

Le râpeux de la poire d'hiver
Le coulant souple du camembert et des œufs
Le croustillant d'un gratin
Le crémeux de la banane mixée
Le gélatineux de la gelée de fruits
Le glacé fondant du sorbet
Le moelleux du flan...

CRU-CUIT-CRU-CUIT !

Faut que ça saute !
Faut que ça cuise et que ça vapeur !
Que ça étouffe et que ça saveur !

Consommés crus, les fruits et les légumes possèdent, donc transmettent à l'organisme, le maximum de leur valeur énergétique. Ils sont bourrés de vitamines et de toutes les bonnes choses qui favorisent la croissance. Mais manger tout, tout cru, tout le temps, c'est un peu lassant et pas très gastronomique. Les gastronomes sont des explorateurs, des curieux, des découvreurs de nouveaux goûts et de nouvelles sensations.

Je vous propose de vous aventurer avec votre enfant dans les goûts de la nature en mariant et en appréciant les différents modes de cuisson. C'est fou ce que les légumes et les fruits réservent de surprises !

L'abricot, la tomate, les fraises, les épinards, les champignons, les courgettes, etc., ont des goûts si différents, selon qu'ils sont cuits ou crus, que l'on dirait que ce ne sont pas les mêmes fruits ni les mêmes légumes. Essayez donc de les accommoder avec eux-mêmes, et vous verrez comme c'est bon !

Pour jouer avec les matières on taille, on tranche, on hache, on râpe, on écrase, on centrifuge et on sculpte les légumes.

6 mois : salades hachées
9 mois : salades râpées
12 mois : salades émincées

EFFEUILLÉ DE BETTERAVES ALEXANDRE DUMAS *(dès six mois)*

C'est simplissime et délicieusissime : il suffit d'accommoder des betteraves à la béchamel. Une entrée chaude et réconfortante, d'une belle couleur rouge.

Recette pour 3
Préparation : 10 minutes
Cuisson : 10 minutes

- 2 betteraves cuites
- 1 cuillerée à café d'huile de tournesol
- 1 cuillerée à soupe de beurre
- 2 cuillerées à soupe de farine de blé
- 25 cl de lait
- Sel breton
- Poivre pour les adultes

Pelez les betteraves, rincez-les, essuyez-les dans un papier absorbant et coupez-les en fines lamelles avec un couteau ou avec la râpe à chips de votre robot-mixer.

Pour préparer la béchamel : faites fondre le beurre avec la cuillerée d'huile dans la casserole, ajoutez la farine en remuant quelques instants, puis le lait petit à petit, et enfin le sel.

À mesure que le lait atteint la bonne température, le mélange épaissit. Vous pouvez varier la quantité de lait selon la consistance désirée. La seule chose importante, c'est de ne pas quitter des yeux votre casserole et de bien remuer. Si cependant vous constatez que la sauce n'est pas fluide et qu'il y a des grumeaux, vous pouvez sauver la béchamel en la passant au mixer. Vous n'avez plus qu'à mélanger les betteraves avec la sauce, et c'est prêt. Au moment de servir, **prélevez la part de bébé que vous écrasez à la fourchette.** Rectifiez l'assaisonnement pour les adultes en ajoutant du poivre et de la noix de muscade.

La cuisson de la béchamel est meilleure dans une casserole à fond épais, en Téflon par exemple, car elle évite à la préparation de coller.

GUACAMOLÉ ET VARIATION *(dès six mois)*

L'avocat est un fruit d'Amérique latine, très nourrissant, riche en vitamines, en protéines, et en même temps très digeste, car il est gorgé de chlorophylle. Dans les pays tropicaux, il est aussi apprécié que la crème chez les Normands. Ma purée d'avocats, extrêmement facile à réaliser, est une variante du guacamolé. On peut la servir en plat d'accompagnement, en entrée froide, ou encore la déguster sur des toasts, avec des légumes crus ou des tacos.

Recette pour 3
Préparation : 7 minutes
Cuisson : 10 minutes

- 2 avocats
- 1 aubergine
- 2 tomates
- 1/2 citron
- 1 branche de basilic ou de coriandre fraîche
- 1/2 gousse d'ail (facultatif)
- Sel breton
- Poivre et piment pour les adultes

Épluchez et coupez l'aubergine en morceaux. Mettez-la dans une assiette recouverte d'un film transparent ou d'un couvercle pour la cuire dans le four à micro-ondes 10 minutes, chaleur maximale.

Ouvrez les avocats, dénoyautez-les et prélevez la chair avec une cuillère à soupe. Épépinez et coupez les tomates en morceaux avant de les passer au mixer avec l'aubergine égouttée, la chair des avocats, le jus de citron, le sel et les herbes fraîches.

Au moment de servir, **prélevez la part de bébé.** Rectifiez l'assaisonnement pour les adultes en ajoutant l'ail, le poivre et une pointe de piment.

VARIATION DE GUACAMOLÉ

Remplacez l'aubergine par deux courgettes. Elles cuisent en 5 minutes au four à micro-ondes. Remplacez également les tomates par un 1/2 pamplemousse.

Le guacamolé se garde bien trois jours au réfrigérateur dans une boîte hermétique.

PURÉE D'AUBERGINES *(dès neuf mois)*

La purée d'aubergines, aussi appelée caviar d'aubergines, est une entrée orientale. Je remplace une partie d'huile d'olive par le fromage blanc : c'est plus digeste pour les petits estomacs et plus léger pour les parents gourmands. On peut la servir en plat d'accompagnement, en entrée, ou encore la déguster sur des toasts.

Recette pour 3
Préparation : 7 minutes
Cuisson : 30 minutes

- 2 aubergines

- 100 g de fromage blanc à 20 % de matière grasse
- 5 cuillerées à soupe d'huile d'olive de première pression à froid
- 1/2 citron
- 1 branche de basilic ou de coriandre fraîche
- 1 gousse d'ail (facultatif)
- Sel breton
- Poivre et paprika pour les adultes

Préchauffez le four, enlevez les queues des aubergines et coupez-les en deux dans le sens de la longueur. Mettez les 4 demi-aubergines sur la grille du four telles quelles. Faites rôtir 30 minutes à 240° (thermostat 7/8) en position chaleur tournante si possible.

Quand les aubergines sont cuites, elles ont la couleur brune du pain cuit et sont fondantes à l'intérieur. Sortez-les du four et enlevez la peau à l'aide d'une cuillère à soupe. Coupez-les avec la cuillère en 2 ou 3 morceaux. Si la cuisson est bonne, elles doivent s'éplucher toutes seules, sinon faites-les recuire encore un peu. Passez-les au mixer avec le fromage blanc, l'huile, le jus de citron, le sel et les herbes fraîches. Au moment de servir, **prélevez la part de bébé.** Rectifiez l'assaisonnement pour les adultes en ajoutant du poivre et/ou du paprika.

VARIATION EXPRESS

Épluchez et coupez les aubergines en morceaux. Mettez-les dans une assiette que vous recouvrirez d'un film transparent ou d'un couvercle pour les cuire dans **le four à micro-ondes 10 minutes,** chaleur maximale.

La purée d'aubergines se garde 48 heures au réfrigérateur dans une boîte hermétique ; elle est même meilleure le lendemain.

SALADE DE CAROTTES AUX ORANGES *(dès six mois)*

Une salade d'hiver d'inspiration marocaine ; un goût frais, juteux et souriant.

Recette pour 3
Préparation : 5 minutes

- 3 belles carottes, râpées
- 1 citron
- 1/2 orange
- 1/2 orange en morceaux
- 1 cuillerée à café de graines de fenouil
- 1 cuillerée à soupe d'huile de carthame et de sésame

Épluchez les carottes, râpez-les. Pressez le citron et la demi-orange. Mettez les carottes dans un plat creux, arrosez-les avec le jus et une cuillerée d'huile, remuez, disposez les petits morceaux d'orange sur le dessus, saupoudrez avec les graines de fenouil. Au moment de servir, **prélevez la part de bébé** (l'équivalent d'un petit pot, mixez jusqu'à huit mois). Rectifiez l'assaisonnement pour les adultes.

SALADE DE TOMATES AU KIWI *(dès six mois)*

Une salade de printemps et d'été, rouge, verte et acidulée, un trésor d'énergie.

Recette pour 3
Préparation : 7 minutes

- 4 tomates bien rouges
- 1 kiwi
- 1 pincée de sel de mer breton
- 1 cuillerée à soupe d'huile d'olive
- 1 tige de coriandre fraîche

Pelez les tomates et coupez-les en rondelles. Disposez-les en rond dans un plat rond, salez. Ciselez les feuilles de coriandre. Pelez le kiwi et coupez-le également en rondelles. Disposez les rondelles vertes sur les rondelles rouges des tomates, arrosez d'huile et saupoudrez de coriandre. Au moment de servir, **prélevez la part de bébé** (l'équivalent d'un petit pot). Rectifiez l'assaisonnement pour les adultes en ajoutant du poivre.

Pour peler facilement les tomates, plongez-les quelques instants dans une casserole d'eau bouillante. La peau de la tomate ébouillantée se fripe et glisse entre les doigts et la pulpe.

MES CUISSONS PRÉFÉRÉES POUR RÉALISER VITE ET BIEN VOS PETITS FRICHTIS DE LÉGUMES

La cuisson des légumes au four à micro-ondes est très proche de la cuisson à la vapeur ; c'est une cuisson à l'étouffée, rapide et légère. Elle est parfaite pour certains légumes cuits en petite quantité ; quand vous augmentez les proportions, il faut augmenter le temps de cuisson, et alors, très souvent, le four traditionnel ou l'autocuiseur se révèlent bien supérieurs.

CUISSON DES LÉGUMES À LA VAPEUR

C'est une forme de cuisson à l'étouffée par saisissement qui conserve aux aliments beaucoup plus de saveur que s'ils avaient été cuits à l'eau. Pour le chou-fleur, par exemple, la meilleure cuisson et la plus rapide, c'est à la vapeur dans l'autocuiseur.

CUISSON DES LÉGUMES AU FOUR TRADITIONNEL

C'est une cuisson sans humidité qui est assez longue, mais qui ne demande pas de soin particulier. Les légumes brunissent tranquillement au four, comme des petits pains ou des marrons. Il conviendra de les servir avec une sauce, de la crème ou du beurre fondu.

CUISSON À LA POÊLE DES LÉGUMES CRUS *(à partir de neuf mois)*

Presque tous les légumes verts, râpés, effeuillés, effilochés, saisis à la poêle, sont prêts en 5 minutes. Un mode de cuisson *al dente,* croquant et très parfumé. Les légumes sautés, donc saisis, gardent à l'intérieur toutes les vertus du cru. Utilisez peu (ou pas) de beurre ou de margarine, qui se décomposent à forte température.

POMME DE TERRE AU FOUR À MICRO-ONDES

Cuisson : 4 minutes

- 1 pomme de terre

Épluchez, lavez, et coupez en morceaux la pomme de terre, mettez-la avec un peu d'eau dans un bol recouvert d'un film transparent ou d'un couvercle. Mettez au four à micro-ondes à puissance maximale, 4 minutes. C'est prêt.

POMMES DE TERRE À LA VAPEUR

Cuisson : 10 minutes

- 1 livre de pommes de terre nouvelles

Grattez et lavez les pommes de terre, mettez-les dans le panier de l'autocuiseur, versez-y un verre d'eau et laissez cuire 10 minutes après la rotation de la soupape.

POMMES DE TERRE AU FOUR TRADITIONNEL

Cuisson : 40 minutes

- 5 pommes de terre (Bintje de préférence)

Une méthode plus saine que la cuisson en papillote d'aluminium. Elles sont croustillantes et tendres au milieu, et il n'y a pas plus facile. Il suffit de les couper en deux dans le sens de la longueur et de les mettre sans les éplucher sur la grille du four préchauffé et réglé sur thermostat 8 (200°) pendant 40 minutes. Je les sers avec une sauce à la crème ou au fromage blanc. Comme vous les faites cuire sans épluchage, lavez et frottez les pommes de terre sous l'eau avec un tampon vert vendu pour nettoyer les casseroles et que vous réservez spécialement au grattage des pommes de terre.

AUBERGINE AU MICRO-ONDES

Cuisson : 8 minutes

- 1 aubergine (350 g)

Épluchez et coupez l'aubergine en petits morceaux, mettez-les dans une assiette recouverte d'un film transparent ou d'un couvercle pour les cuire dans le four à micro-ondes, puissance maximale. Égouttez.

AUBERGINES AU FOUR TRADITIONNEL

Cuisson : 30 minutes

Il suffit de les couper en deux dans le sens de la longueur et de les mettre sans les éplucher sur la grille du four préchauffé et réglé sur thermostat 8 (200°) pendant 30 minutes. Je les sers nature ou avec un filet d'huile d'olive, du sel et du basilic haché.

COURGETTES AU MICRO-ONDES

Cuisson : 4 minutes

- 2 courgettes

Coupez les courgettes en petits morceaux, mettez-les dans une assiette recouverte d'un film transparent ou d'un couvercle pour les cuire dans le four à micro-ondes, puissance maximale.

COURGETTES AU FOUR TRADITIONNEL

Cuisson : 15 minutes

Il suffit de les mettre entières sans les éplucher sur la grille du four préchauffé et réglé sur thermostat 8 (200°) pendant 40 minutes. Je les sers avec une sauce au fromage blanc parfumée avec un peu d'aneth, de menthe, ou de curry.

ENDIVES AU MICRO-ONDES

Cuisson : 10 minutes

- 3 endives

Coupez les endives en quatre dans le sens de la longueur, mettez-les dans une assiette recouverte d'un film transparent ou d'un couvercle pour les cuire dans le four à micro-ondes, puissance maximale.

Je les sers nature ou gratinées (dès douze mois) avec une sauce béchamel et du fromage. Il faut alors égoutter les endives après la cuisson au micro-ondes avant de les recouvrir de béchamel.

OIGNONS AU MICRO-ONDES

Cuisson : 8 minutes

- 3 gros oignons

Coupez les oignons en quatre en n'enlevant que la peau qui se détache toute seule, mettez les morceaux dans une assiette recouverte d'un film transparent ou d'un couvercle pour les cuire dans le four à micro-ondes, puissance maximale. Ainsi cuits, les oignons sont très digestes, ils ont un excellent goût sucré qui n'a rien à voir avec celui de l'oignon cru. Ils s'épluchent avec une cuillère à soupe. On peut les réduire en « purée délice », et les mélanger dans le mixer avec une béchamel au curry.

FENOUIL AU MICRO-ONDES

Cuisson : 10 minutes

- 1 bulbe de fenouil (350 g)

Coupez le fenouil en quatre dans le sens de la longueur, mettez-le dans une assiette recouverte d'un film transparent ou d'un couvercle pour les cuire dans le four à micro-ondes, puissance maximale.

Idée fraîche : arrosez d'un jus de citron à la menthe.

CHOU-FLEUR À LA VAPEUR

Cuisson : 4 minutes

• 1/2 chou-fleur

Séparez le chou-fleur en petits bouquets que vous mettez dans le panier de l'autocuiseur, ajoutez un verre d'eau, fermez et laissez cuire 4 minutes après la rotation de la soupape.

Vous pouvez le servir en entrée tiède, arrosé d'huile d'olive et de citron, ou en légume d'accompagnement avec de la crème fraîche, ou de la béchamel et des pommes de terre, ou au gratin avec de la béchamel au fromage.

BANANES-LÉGUMES AU MICRO-ONDES

Cuisson 5 minutes

• 3 bananes

Prenez des grandes bananes un peu vertes. Épluchez-les, coupez-les dans le sens de la longueur, mettez-les dans une assiette recouverte d'un film transparent ou d'un couvercle pour les cuire dans le four à micro-ondes 5 minutes, puissance maximale.

La banane cuite est plus digeste que la banane crue, on peut la manger avec des plats salés ou la servir en dessert en la saupoudrant d'un peu de cannelle.

CUISSON DU RIZ NATURE

Cuisson : 6 minutes en autocuiseur

- 1 bol de riz

Plus de la moitié de la population du globe en consomme. Quand on ne possède pas la machine à cuire le riz, l'autocuiseur est parfait. Après l'avoir rincé, mettez 1 bol de riz pour 1 bol et demi d'eau dans l'autocuiseur et laissez cuire 6 minutes après la rotation de la soupape.

Maintenant, vous avez tout en main !

Vous pouvez servir chacun de ces légumes nature, séparément ou mélangés, faire des salades tièdes en ajoutant des légumes crus, tomates, oignons, avocats (je ne vous conseille pas de faire cuire les avocats, ils prennent un goût amer assez désagréable).

Vous pouvez servir aussi ces légumes avec du fromage de chèvre ou de brebis, ou pour accompagner viandes et poissons. Enfin, si le cœur vous en dit, vous pouvez les réduire en purée.

FRICHTI DE LÉGUMES *(dès quatre mois)*

Servez ensemble : 2 courgettes et 1 pied de fenouil cuits au micro-ondes, 1 avocat cru, 1/2 citron, sel breton. **Mixez la part de bébé avec un peu d'eau de source.**

RATA RAPIDE DE LÉGUMES *(dès douze mois)*

Faites revenir 5 minutes dans une poêle avec de l'huile d'olive : 2 courgettes et 1 aubergine cuites au micro-ondes, 3 tomates crues, assaisonnez d'herbes de Provence, d'ail, de sel breton et de poivre pour les adultes.

CAROTTES MAGIQUES *(dès douze mois)*

Faut que ça saute !

La carotte, c'est ce qui fait avancer les ânes, c'est la nourriture préférée des lapins et des petits cochons, ça donne les fesses roses, ça rend aimable. Pourquoi aimable ? Parce que ça empêche de se faire de la bile... Je veux dire : c'est un médicament pour le foie. Ça aiguise la vue. On la trouve dans toutes les grandes cuisines du monde. Elle est number one *dans les soupes, les ragoûts, les marinades, les courts-bouillons, on la mange crue ou cuite, en julienne, hachée, râpée, écrasée en purée. J'ai redécouvert la carotte en pensant aux petits enfants, en cherchant la sensation* al dente, *cuit, croquant, saveur et consistance. J'ai imaginé la carotte comme légume d'accompagnement très vite préparé, bien meilleur que la purée surgelée. C'est vraiment simple, c'est magique :*

Recette pour 3
Préparation et cuisson : 7 minutes

- 3 carottes
- 1 cuillerée à café de cumin
- 1 cuillerée à soupe d'huile de tournesol
- 1 pincée de sel breton

Épluchez et râpez les carottes, faites-les sauter à feu vif 5 minutes dans une sauteuse antiadhésive avec une cuillerée d'huile, saupoudrez de cumin. C'est tout !

Le légume ainsi sauté garde à l'intérieur toutes les vertus du cru.

Au moment de servir, **prélevez la part de bébé** (l'équivalent d'un petit pot). Rectifiez l'assaisonnement pour les adultes.

JARDINIÈRE DE LÉGUMES *(dès neuf mois)*

Une consistance al dente, *un parfum de légumes incomparable !*

Recette pour 3
Préparation : 5 minutes
Cuisson : 8 minutes

- 2 carottes
- 2 navets
- 1 poignée de haricots verts
- 1 cuillerée à soupe d'huile de tournesol
- 1 tige de basilic
- Sel breton
- Poivre pour les adultes

Équeutez les haricots verts. Versez l'huile dans une poêle et faites-la chauffer 1 minute pour y faire revenir les haricots 3 minutes. Pendant ce temps, épluchez et lavez les carottes et les navets, râpez-les ensemble et faites-les revenir avec les haricots verts 5 minutes encore. Saupoudrez de basilic haché, salez. C'est prêt. Au moment de servir, **prélevez la part de bébé** (l'équivalent d'un petit pot). Rectifiez l'assaisonnement pour les adultes en ajoutant du poivre. Vous pouvez déguster cette jardinière froide, en salade, en ajoutant le jus d'un demi-citron.

RATATOUILLE PASCAL *(dès neuf mois)*

La ratatouille Pascal est la ratatouille la plus parfumée que j'aie jamais mangée. On y retrouve les saveurs et les consistances idéales de chaque légume.

Elle est très simple à réaliser, mais elle n'est pas économique en vaisselle...

Contrairement aux recettes traditionnelles où tout est cuit ensemble dans une cocotte, ici, on fait rôtir les aubergines au four 1/2 heure, fondre les poivrons dans la poêle 20 minutes, étuver la courgette au micro-ondes 5 minutes. Les tomates restent crues et sont précipitées dans la préparation brûlante avec l'ail, l'huile et le basilic frais au moment de servir.

Recette pour 3
Préparation : 35 minutes
(le temps de cuisson + 5 minutes)
Cuisson : 30 minutes

- 2 aubergines
- 1 poivron rouge
- 1 poivron vert
- 2 courgettes
- 4 tomates
- 6 cuillerées d'huile d'olive de première pression à froid
- 1 branche de basilic frais
- Sel breton
- 1 gousse d'ail et du poivre pour les adultes

Préchauffez votre four, enlevez les queues des aubergines et coupez-les en deux dans le sens de la longueur. Mettez les 4 demi-aubergines sur la grille du four telles quelles. Faites cuire 30 minutes (thermostat 7/8, 200°, en position chaleur tournante si possible).

Équeutez, épépinez les poivrons et coupez-les en lamelles. Faites-les cuire à feu doux dans une poêle avec 3 cuillerées d'huile.

Lavez, équeutez et épluchez partiellement les courgettes (la peau garde une grande partie du goût), coupez-les en gros morceaux et mettez-les dans une assiette que vous recouvrirez d'un film transparent ou d'un couvercle pour les cuire dans le four à micro-ondes 5 minutes, puissance maximale.

Lavez, équeutez et coupez les tomates en rondelles ou en petits morceaux.

Épluchez la gousse d'ail, écrasez-la avec un presse-ail ou avec deux fourchettes sur une planche, mettez l'ail écrasé dans l'huile avec les feuilles de basilic coupées.

Quand les aubergines sont cuites, elles ont la couleur brune du pain cuit et sont fondantes à l'intérieur. Sortez-les du four et enlevez la peau à l'aide d'une cuillère à soupe. Coupez-les avec la cuillère en 2 ou 3 morceaux. Si la cuisson est bonne, elles doivent s'éplucher toutes seules, sinon, faites-les recuire encore un peu.

Au moment de servir, mélangez tous les légumes avec du sel et un peu de basilic, **prélevez la part de bébé.** Rectifiez l'assaisonnement pour les adultes en ajoutant l'huile à l'ail et au basilic, et en poivrant.

LES PURÉES

Ah ! Ah ! Ahhh ! Si vos collaborateurs vous voyaient, bouche bée devant bébé qui justement, lui, n'ouvre pas la bouche ! Heureusement qu'on a inventé les serviettes en plastique avec une rigole pour recueillir tout ce qui tombe à côté, car il y en a autant que dans l'assiette !

Oui, faire manger son enfant à la cuillère est un travail de patience. On peut commencer dès quatre mois. C'est le moment idéal pour lui donner de la purée, mais il n'y a pas d'urgence. Vous pouvez aussi continuer à lui donner de la soupe épaisse dans le biberon avec un gros trou dans la tétine.

PURÉE DE CARROTTES-POTIRON *(dès cinq mois)*

Recette pour 3
Préparation : 5 minutes
Cuisson : 10 minutes en autocuiseur

- 3 carottes moyennes
- 400 g de chair de potiron
- 3/4 de litre d'eau
- Sel breton
- Une noisette de beurre

Épluchez les carottes et le potiron.

Découpez-les en morceaux et mettez-les dans l'autocuiseur avec l'eau et une pincée de sel. Fermez l'autocuiseur et laissez cuire 10 minutes après la rotation de la soupape.

Quand les légumes sont cuits, égouttez-les et passez-les au mixer. Mettez la purée à réchauffer, ajoutez une noisette de beurre frais.

Au moment de servir, **prélevez la part de bébé** (l'équivalent d'un petit pot). Rectifiez l'assaisonnement pour les adultes en ajoutant, selon votre goût, poivre ou curry doux.

Si vous n'avez pas d'autocuiseur, vous pouvez réaliser la même recette dans une casserole, mais il faut surveiller la cuisson, qui est plus longue : environ 30 minutes.

PURÉE DE CAROTTES-POMMES DE TERRE *(dès six mois)*

Pour réussir une bonne purée à base de pommes de terre, rien ne vaut la méthode traditionnelle : rangez votre robot-mixer, il transforme la patate en émulsion collante, et cette fois, il doit s'effacer devant le bon vieux moulin à légumes (en vente dans toutes les bonnes quincailleries). Vous pouvez aussi écraser les pommes de terre à la fourchette. C'est ce petit tour de main qui fait la purée comme on l'aime !

Recette pour 3
Préparation : 5 minutes
Cuisson : 15 minutes en autocuiseur

- 2 carottes moyennes
- 3 pommes de terre Bintje ou BF15
- 3/4 de litre d'eau
- 2 verres de lait
- Sel breton
- Une noisette de beurre

Mettez les pommes de terre et les carottes épluchées et coupées en morceaux dans l'autocuiseur avec l'eau et le sel. Fermez et laissez cuire 15 minutes après la rotation de la soupape. Faites chauffer le lait (1,30 minute au micro-ondes).

Quand les légumes sont cuits, égouttez-les et passez-les au moulin à légumes. Mettez la purée à réchauffer à feu doux, ajoutez progressivement le lait bouillant de façon à obtenir une consistance onctueuse. Complétez avec une noisette de beurre frais. Au moment de servir, **prélevez la part de bébé** (l'équivalent d'un petit pot). Rectifiez l'assaisonnement pour les adultes en ajoutant, selon votre goût, poivre ou curry doux.

Si vous n'avez pas d'autocuiseur, vous pouvez réaliser la même recette dans une casserole, mais il faut surveiller la cuisson, qui est plus longue, environ 30 minutes.

MOUSSELINE DE COURGETTES *(dès quatre mois)*

Recette pour 3
Préparation : 5 minutes
Cuisson : 6 minutes

- 4 courgettes moyennes
- 1 cuillerée à soupe de crème fraîche
- 1 branche de cerfeuil
- Jus de citron
- Sel breton

Lavez soigneusement les courgettes et coupez-les en fines rondelles. Faites-les cuire au micro-ondes dans un plat couvert pendant 6 minutes, puissance maximale. Quand les légumes sont cuits, égouttez-les et passez-les au mixer. Mettez la purée à réchauffer dans une casserole, ajoutez une pincée de sel, un filet de citron, la crème fraîche et le cerfeuil haché. Au moment de servir, **prélevez la part de bébé** (l'équivalent d'un petit pot). Rectifiez l'assaisonnement pour les adultes en ajoutant, selon votre goût, du poivre ou de la noix de muscade et du gruyère râpé.

PURÉE DE CÉLERI *(dès six mois)*

Recette pour 3
Préparation : 5 minutes
Cuisson : 6 minutes en autocuiseur

- 400 g de céleri-rave
- 1 verre de lait
- 1 branche de persil
- Sel breton

Dans une casserole, faites chauffer 1 litre d'eau avec un peu de sel. Pelez le céleri-rave, coupez-le en morceaux et vous les plongez 2 minutes dans l'eau bouillante pour en éliminer l'âcreté. Mettez ensuite les morceaux de céleri dans l'autocuiseur avec 3/4 de litre d'eau. Fermez et laissez cuire 10 minutes après la rotation de la soupape. Faites chauffer le lait (1 minute au micro-ondes). Quand le céleri est cuit, égouttez-le et passez-le au mixer. Mettez la purée à réchauffer dans une casserole à feu doux, ajoutez progressivement le lait bouillant de façon à obtenir une consistance onctueuse. Complétez avec le persil haché. Au moment de servir, **prélevez la part de bébé** (l'équivalent d'un petit pot). Rectifiez l'assaisonnement pour les adultes en ajoutant, selon votre goût, poivre ou noix de muscade.

Pour obtenir une purée plus consistante, vous pouvez ajouter une pomme de terre épluchée et coupée en morceaux. Faites-la cuire en même temps que le céleri dans l'autocuiseur.

Si vous n'avez pas d'autocuiseur, vous pouvez réaliser la même recette dans une casserole, mais il faut surveiller la cuisson, qui est plus longue, environ 30 minutes.

PURÉE DE CHOU-FLEUR *(dès six mois)*

Recette pour 3
Préparation : 5 minutes
Cuisson : 10 minutes en autocuiseur

- 400 g de chou-fleur
- 1 verre de lait
- 3/4 de litre d'eau
- Sel breton

Épluchez le chou-fleur. Coupez les tiges à la naissance des bouquets. Lavez-les, mettez-les dans l'autocuiseur avec l'eau, le lait et une pincée de sel. Fermez et laissez cuire 10 minutes après la rotation de la soupape. Quand le chou-fleur est cuit, retirez-le avec une écumoire et passez-le au mixer. Mettez la purée à réchauffer dans une casserole, ajoutez un peu de lait de cuisson si nécessaire pour obtenir une consistance mousseuse. Au moment de servir, **prélevez la part de bébé** (l'équivalent d'un petit pot). Rectifiez l'assaisonnement pour les adultes en ajoutant, selon votre goût, du poivre ou de la noix de muscade.

ÉPINARDS À LA CRÈME DE CAMEMBERT *(dès neuf mois)*

Les « zépinards » que Popeye avale directement au sortir de la boîte ont la réputation de donner de la force parce qu'ils sont riches en fer. C'est vrai, mais uniquement quand ils sont frais. Achetez-en sur le marché, n'hésitez pas à les préparer en salade, sautés à la poêle, en quiche, à la crème de camembert. Eh oui !

avec du camembert, c'est bien plus fin qu'avec du gruyère !

Recette pour 3
Préparation : 10 minutes
Cuisson : 15 minutes en autocuiseur

- 1 kg d'épinards frais
- 20 cl de lait
- 2 cuillerées à soupe de crème fraîche
- 3 cuillerées à soupe de Maïzena
- 1 jaune d'œuf
- 1 portion de camembert
- Sel breton
- Poivre pour les adultes

Nettoyez puis hachez finement les feuilles d'épinards avant de les faire revenir dans l'autocuiseur avec un morceau de beurre et une petite cuillerée d'huile de tournesol, puis mouillez avec le lait salé. Fermez l'autocuiseur et laissez cuire 15 minutes après la rotation de la soupape.

Ouvrez l'autocuiseur et jetez-y le camembert coupé en petits morceaux ; remuez pour qu'il fonde bien. Dans un bol, diluez la Maïzena avec un peu d'eau, puis ajoutez la crème et un jaune d'œuf. Versez ce mélange sur les épinards en remuant quelques instants jusqu'à ce que la préparation épaississe.

Au moment de servir, **prélevez la part de bébé.** Rectifiez l'assaisonnement pour les adultes en ajoutant du poivre.

Suggestion : C'est un plat excellent gratiné au four tel quel, ou sur un fond de tarte précuit.

Il y a de quoi en faire un plat !

Pour varier du steak haché-patates ou coquillettes au beurre, délicieux mais monotone, quelques plats de légumes faciles à faire :

POLENTA *(dès huit mois)*

Recette pour 3
Préparation : 5 minutes
Cuisson : 9 minutes

- 1 bol de semoule de maïs
- 3 bols d'eau
- 50 g de comté râpé
- 30 g de beurre
- Sel breton
- Poivre pour les adultes

Faites chauffer l'eau 1,30 minute au micro-ondes. Versez la semoule et l'eau chaude dans un récipient suffisamment haut. Faites cuire à couvert 4 minutes au micro-ondes, puissance maximale. Ajoutez le beurre, une pincée de sel, remuez et remettez à cuire 3 minutes, chaleur maximale. À la fin de la cuisson, ajoutez le comté râpé, remuez et faites cuire encore 1 minute.

Au moment de servir, **prélevez la part de bébé.** Rectifiez l'assaisonnement pour les adultes en ajoutant du poivre ou de la noix de muscade.

Cette préparation peut accompagner le poisson, la volaille ou toute autre viande. Personnellement, je l'associe toujours à un légume vert, courgettes ou haricots verts : c'est plus joli dans l'assiette.

En remplaçant l'eau par du lait, cette recette peut constituer un plat de résistance pour bébé. À la place du comté, il est possible d'utiliser du gruyère, du cantal, de l'emmental, du parmesan et même, plus tard, du roquefort.

RISOTTO AUX ARTICHAUTS *(dès dix-huit mois)*

Recette pour 3
Préparation : 15 minutes
Cuisson : 6 minutes

- 3 verres de riz
- 4 verres d'eau
- 1 oignon
- 2 tomates
- 3 fonds d'artichauts
- 1 tranche épaisse de jambon cuit
- 1 cuillerée à soupe d'huile de tournesol
- 1 branche de thym
- 1 feuille de laurier
- Sel breton
- Poivre pour les adultes

Pelez et épépinez les tomates. Coupez les tomates, les fonds d'artichauts et le jambon en petits morceaux. Épluchez l'oignon et coupez-le en rondelles.

Faites dorer légèrement les rondelles d'oignon avec l'huile dans l'autocuiseur. Ajoutez le riz et remuez bien. Versez l'eau, les légumes et le jambon coupés en dés. Ajoutez le thym et le laurier.

Fermez l'autocuiseur et laissez cuire 6 minutes à partir du moment où la soupape chuchote. Ôtez la soupape aussitôt la cuisson terminée. Salez à votre goût si nécessaire.

Au moment de servir, **prélevez la part de bébé,** 300 g (l'équivalent d'un petit pot et demi). Rectifiez l'assaisonnement pour les adultes en ajoutant du poivre.

Pour peler facilement les tomates, plongez-les quelques instants dans une casserole d'eau bouillante. La peau de la tomate ébouillantée se fripe et glisse entre les doigts et la pulpe.

RIZ À LA CANTONAISE *(dès dix-huit mois)*

Recette pour 3
Préparation : 10 minutes
Cuisson : 10 minutes

- 250 g de riz cuit
- 2 œufs
- 2 tranches de jambon
- 2 oignons nouveaux
- 50 g de petits pois nouveaux
- 1 cuillerée à soupe d'huile de tournesol
- 2 cuillerées à soupe de sauce de soja
- Poivre pour les adultes

Découpez le jambon en petits morceaux. Hachez finement les oignons. Faites cuire les petits pois avec un peu d'eau légèrement salée dans un plat couvert 3 minutes au micro-ondes, puissance maximale.

Dans une poêle, faites dorer les oignons avec l'huile. Ajoutez le riz et remuez bien. Laissez chauffer à feu doux.

Battez les œufs avec la sauce de soja. Versez-les sur le riz en filet mince. Remuez jusqu'à ce que les œufs soient cuits.

Au moment de servir, **prélevez la part de bébé,** 300 g (l'équivalent d'un petit pot et demi). Rectifiez l'assaisonnement pour les adultes en ajoutant du poivre.

SOUFFLÉ DE MAÏS *(dès neuf mois)*

Recette pour 3
Préparation : 10 minutes
Cuisson : 30 minutes

- 4 épis de maïs
- 1 litre d'eau
- 1 cuillerée à soupe de crème fraîche
- 4 œufs
- 10 g de beurre
- 1 morceau de sucre

Faites cuire les épis de maïs 10 minutes dans de l'eau bouillante sucrée. Égouttez-les. Égrenez les épis. Séparez les blancs des jaunes d'œufs. Dans votre mixer, mettez les grains de maïs, la crème fraîche, les jaunes d'œufs et 40 g de gruyère râpé. Laissez tourner pour rendre le mélange bien homogène.

Allumez votre four thermostat 6/7 (180/200°). Beurrez un moule à soufflé.

Montez les blancs en neige. Mélangez-les délicatement à la purée de maïs. Versez la préparation dans le moule beurré. Faites cuire à four moyen (thermostat 5, 160°) pendant 20 minutes.

Lorsque le soufflé est monté, saupoudrez-le du reste de fromage râpé et repassez-le quelques secondes sous le gril pour le faire gratiner.

Au moment de servir, tiède, **prélevez la part de bébé** (l'équivalent d'un petit pot).

TABOULÉ *(dès neuf mois)*

Recette pour 3
Préparation : 15 minutes la veille
Pas de cuisson

- 3 verres de semoule de couscous, grain moyen
- 1 verre d'eau
- 1 verre de jus de tomate
- 2 tomates fraîches
- 1 citron
- 1/2 concombre
- 2 branches de persil
- Menthe fraîche
- 2 cuillerées à soupe d'huile d'olive
- Sel breton
- Poivre pour les adultes

La veille

Pressez le citron. Dans un saladier, versez la semoule. Arrosez-la avec le jus de tomate, le jus de citron et l'eau. Remuez bien avec une cuillère en bois et laissez reposer une dizaine de minutes.

En attendant, hachez le persil, ciselez la menthe fraîche, pelez, épépinez les tomates et découpez-les en petits morceaux.

Remuez à nouveau la semoule à l'aide d'une fourchette, afin que les grains se détachent bien. Ajoutez le persil, la menthe et les morceaux de tomates, une pincée de sel breton ; couvrez le saladier et placez-le au réfrigérateur.

Le jour même

Une demi-heure avant le repas, ajoutez le demi-concombre découpé en petits dés et l'huile d'olive. Laissez le plat hors du réfrigérateur : le taboulé ne doit pas être servi glacé.

Au moment de servir, **prélevez la part de bébé.** Rectifiez l'assaisonnement pour les adultes en ajoutant du poivre.

PAIN PERDU AU FROMAGE *(dès neuf mois)*

Quand on n'a presque rien dans son frigo, qu'on n'a plus le courage de ressortir faire des courses et qu'on aimerait bien, cependant, savourer un plat chaud... une idée : le pain perdu pas perdu pour tout le monde. C'est de la même famille, mais c'est bien meilleur que le croque-monsieur !

Recette pour 3
Préparation : 2 minutes
Cuisson : 7 minutes au micro-ondes
+ 5 minutes à la poêle

- 5 tranches de pain rassis
- 2 œufs
- 1/2 litre de lait
- 1/3 de camembert ou 1 crottin de Chavignol, ou 1 mozzarella
- 1 cuillerée de beurre
- 1 cuillerée d'huile de tournesol
- 1 pincée de fines herbes
- Poivre pour les adultes

Battez les œufs dans le lait, disposez les tranches de pain rassis dans un petit plat creux juste assez grand pour les 5 tranches. Disposez-y le fromage en miettes, en petits morceaux ou en tranches fines, couvrez d'un film transparent ou d'un couvercle pour les cuire dans le four à micro-ondes 5 minutes, puissance maximale. Les tartines sont devenues molles, tendres, et ne dégoulinent plus.

Faites fondre le beurre et l'huile dans une poêle, faites dorer le pain quelques secondes de chaque côté ; c'est prêt.

Au moment de servir, **prélevez et coupez la part de bébé,** une tranche. Rectifiez l'assaisonnement pour les adultes en ajoutant le poivre et les fines herbes, c'est croustillant et c'est bon !

Si vous ne disposez pas de four à micro-ondes, il faut faire tremper le pain rassis au moins 1/2 heure avant de le faire poêler.

LES TERRINES

Un plat de résistance pour l'enfant, une excellente entrée pour les adultes.

Terrines. Vous avez dit terrines ? Très kitsch, non, ces gâteaux de légumes qu'on a tous goûtés dans les restaurants « nouvelle cuisine » ? Quoi de plus « terroir » que ces pâtés délicieux qu'une tante fermière confectionnait avec un reste de poulet ou de lapin ? Tout cela m'a toujours paru le résultat d'une alchimie étrange, impossible à réaliser chez soi. Et pourtant, un jour, sur les conseils d'une amie gourmande, je me suis lancée : j'ai découvert le plaisir de petits plats vite faits, bien faits, tranquillement préparés à l'avance et qu'on n'a plus qu'à sortir du frigo au moment du repas.

Les terrines, c'est facile à manger, facile à emporter ; c'est un plat froid qui, donc, ne refroidit pas, et ça donne à la table un petit air de fête.

CLAFOUTIS DE PRINTEMPS *(dès neuf mois)*

Ce clafoutis du jardin se prépare tout simplement comme une omelette à la crème et aux petits légumes. C'est une recette de base dont vous pouvez varier les ingrédients selon votre plaisir : haricots verts, céleri-branche, céleri-rave, chou-fleur, brocolis, tomates...

Voici ce que je vous propose :

Recette pour 3
Préparation : 10 minutes
Cuisson : 12 minutes

- 50 g de jeunes carottes
- 50 g de petits navets nouveaux
- 50 g de petits pois nouveaux
- 2 oignons nouveaux
- 3 œufs
- 2 cuillerées à soupe de crème fraîche épaisse
- 2 brins de cerfeuil
- Sel breton

Épluchez tous les légumes et découpez-les en dés. Hachez les petits oignons.

Disposez chaque légume dans un ramequin ou dans une tasse avec un peu d'eau légèrement salée ; recouvrez d'une soucoupe ou d'un film transparent. Faites cuire les légumes 4 minutes au micro-ondes, puis égouttez-les dans une passoire.

Entre-temps, mixez les œufs, la crème fraîche et le cerfeuil avec une pincée de sel.

Dans un plat creux, mélangez délicatement les légumes et l'omelette. Beurrez largement une terrine ou tapissez-la de papier sulfurisé. Versez-y la préparation et faites cuire 3 minutes au micro-ondes, puissance maximale, puis 5 minutes à 30 % de la puissance totale (décongélation).

Laissez reposer quelques instants, puis démoulez le clafoutis et servez-le chaud, accompagné de laitue. **Prélevez la part de bébé :** 2 petites tranches avec sa salade découpée en fines lanières. Rectifiez l'assaisonnement pour les adultes en ajoutant du poivre.

À défaut de terrine, un récipient rectangulaire pouvant aller au micro-ondes peut tout à fait convenir. Ce clafoutis sera encore plus savoureux cuit au four traditionnel, 15 minutes, thermostat 8 (200°).

TERRINE D'ARTICHAUTS *(dès six mois)*

Recette pour 3
Préparation : 15 minutes
Cuisson : 17 minutes

- 100 g d'endives
- 2 fonds d'artichauts (1 petit bocal)
- 50 g de champignons de Paris
- 1/2 citron
- 3 œufs
- 1 petit-suisse ou 10 cl de crème fraîche
- 1 cuillerée à café de concentré de tomate
- 1/2 cuillerée à café de sel breton
- 1 pincée de sauge en poudre ou en feuilles coupées
- 10 g de margarine pour le moule
- Poivre pour les adultes

Lavez, puis coupez les endives en morceaux de la taille d'un doigt. Mettez-les ensuite dans un plat que vous recouvrez d'un film transparent ou d'un couvercle pour les cuire dans le four à micro-ondes, 7 minutes, puissance maximale.

Pendant ce temps, rincez les fonds d'artichauts à l'eau légèrement citronnée, égouttez-les. Retirez les pieds terreux des champignons, passez-les rapidement à l'eau vinaigrée.

Dans votre mixer, mettez d'abord les champignons et les fonds d'artichauts coupés en quatre, faites tourner pour obtenir une mousse onctueuse. Videz le mixer pour y battre les œufs avec la crème, le concentré de tomate, le sel et la sauge, puis réincorporez peu à peu la mousse.

Égouttez et essuyez les endives dans un papier absorbant.

Beurrez largement une terrine ou tapissez-la de papier sulfurisé. Versez-y une première couche de la préparation, puis répartissez les endives que vous recouvrez à nouveau, et ainsi de suite en terminant par la préparation. Mettez la terrine, recouverte d'un film transparent ou d'un couvercle, au four à micro-ondes 5 minutes à puissance maximale et 5 minutes sur « décongélation ». Laissez refroidir et réservez au réfrigérateur jusqu'au lendemain avant de démouler.

Au moment de servir, **prélevez la part de bébé,** une tranche. Rectifiez l'assaisonnement pour les adultes en poivrant. On peut accompagner cette terrine d'un coulis de tomate.

La terrine se garde 48 heures au réfrigérateur dans une boîte hermétique.

TERRINE DU LUNDI-MERCREDI *(dès six mois)*

Voici un plat simple à réaliser, aux jolies couleurs tendres, à dévorer d'abord des yeux. Il suffit de mélan-

ger chacune des trois purées de légumes avec un jaune d'œuf et de la crème et de les répartir ensuite en trois couches dans n'importe quel plat rectangulaire pouvant aller au micro-ondes. Ça vous dit ? Allons-y !

Recette pour 3
Préparation : 10 minutes
Cuisson : 35 minutes
Réfrigération : 12 heures

- 3 belles carottes
- 250 g de haricots verts
- 250 g de champignons de Paris
- 3 jaunes d'œufs
- 3 cuillerées à soupe de crème fraîche épaisse
- 1/2 citron
- Persil
- Sel breton

Épluchez les carottes et coupez-les en rondelles. Faites-les cuire 10 minutes au micro-ondes dans un plat couvert avec un peu de sel et 3 cuillerées à soupe d'eau. Égouttez soigneusement les carottes et passez-les au mixer avec une cuillerée à soupe de crème fraîche et un jaune d'œuf. Tapissez de cette préparation le fond d'une terrine largement beurrée ou revêtue de papier sulfurisé.

Équeutez les haricots verts et faites-les cuire dans un plat couvert avec un fond d'eau légèrement salée, 12 minutes au micro-ondes. Égouttez les haricots, séchez-les à l'aide d'un papier absorbant et passez-les au mixer avec une cuillerée à soupe de crème fraîche, un jaune d'œuf et un peu de persil. Étalez cette purée au-dessus de la couche de carottes.

Ôtez la partie sableuse des pieds des champignons, nettoyez-les à l'eau citronnée. Coupez-les en lamelles et faites-les cuire 6 minutes au micro-ondes dans un plat couvert avec un peu d'eau, une pincée de sel et quelques gouttes de citron. Égouttez parfaitement les champignons et passez-les au mixer avec une cuillerée à soupe de crème fraîche et un jaune d'œuf. Disposez cette mousse sur la purée de haricots verts.

Tassez l'ensemble et faites cuire 3 minutes au micro-ondes, chaleur maximale, puis 5 minutes à 30 % de la puissance totale (décongélation). Laissez refroidir et mettez au réfrigérateur pendant 12 heures avant de démouler.

Au moment de servir, **prélevez la part de bébé** (2 petites tranches). Rectifiez l'assaisonnement pour les adultes en ajoutant du poivre et un peu de fromage blanc aux fines herbes.

La terrine du lundi-mercredi se garde quarante-huit heures au réfrigérateur dans une boîte hermétique : si vous la servez un lundi, vous pourrez déguster le reste le mercredi suivant.

Si vous ne disposez pas de couvercle « spécial micro-ondes », vous pouvez recouvrir votre plat d'une assiette ou d'un film transparent.

VARIATIONS

Selon l'inspiration vous pouvez aussi réaliser cette recette avec des légumes différents.

En voici deux exemples :

- Céleri-rave, 10 minutes de cuisson au micro-ondes
- Betterave rouge achetée cuite
- Chou-fleur, 7 minutes de cuisson au micro-ondes

- Épinards, 5 minutes de cuisson au micro-ondes
- Carottes

- Concombre cru, bien égoutté, et menthe fraîche

SAUCE VERTE AU FROMAGE BLANC *(dès neuf mois)*

- 2 cuillerées à soupe de fromage blanc
- 1 cuillerée à soupe d'huile d'olive
- Le jus de 1/2 citron
- 1 cuillerée à café d'herbes fraîchement hachées
- 1 pincée de sel breton

Mixez l'ensemble. C'est prêt !

TERRINE À L'OSEILLE *(dès neuf mois)*

Recette pour 3
Préparation : 10 minutes
Cuisson : 8 + 8 minutes
Réfrigération : 12 heures

- 100 g d'oseille
- 1 kg de petites courgettes
- 3 tranches de jambon blanc
- 3 œufs
- 1 verre de lait
- 50 g de mie de pain
- 1 oignon
- 1 bouquet de feuilles de menthe fraîche
- 1 cuillerée à soupe d'huile d'olive
- Sel breton

Épluchez, lavez, essorez l'oseille et passez-la au mixer. Réservez l'oseille hachée dans un bol.

Épluchez l'oignon. Lavez les courgettes et coupez-les en rondelles fines. Faites-les cuire à couvert, avec l'oignon coupé en deux, un peu de sel et 2 cuillerées à soupe d'eau, 8 minutes au micro-ondes.

Pendant ce temps, émiettez la mie de pain dans le lait et faites-la cuire dans une casserole quelques instants afin d'obtenir une pâte. Lorsque les courgettes et l'oignon sont cuits, égouttez-les soigneusement.

Mixez les œufs et les feuilles de menthe, réservez cette omelctte dans un bol.

Mixez les courgettes et l'oignon avec une cuillerée d'huile d'olive. Ajoutez l'omelette et la pâte dans votre mixer s'il est assez grand, ou travaillez l'ensemble au fouet dans une jatte. Goûtez pour vérifier l'assaisonnement.

Beurrez largement une terrine ou tapissez-la de papier sulfurisé et versez-y la moitié de la préparation, répartissez dessus l'oseille hachée, recouvrez ensuite du reste de la préparation. Tassez l'ensemble et faites cuire 3 minutes au micro-ondes, puissance maximale, puis 5 minutes à 30 % de la puissance totale (décongélation). Laissez refroidir et mettez au réfrigérateur pendant 12 heures avant de démouler.

Au moment de servir, **prélevez la part de bébé :** 2 petites tranches. Accompagnez d'une tranche de jambon pour chacun.

Cette terrine se garde 24 heures au réfrigérateur dans une boîte hermétique.

Pour les adultes, le jambon peut être chauffé une minute à la poêle ou remplacé par du bacon ou de la poitrine fumée.

TERRINE DES SOUS-BOIS *(dès six mois)*

Recette pour 3
Préparation : 5 minutes
Cuisson : 17 minutes

Réfrigération : 12 heures

- 250 g de champignons de Paris
- 1 betterave rouge
- 1 tranche de jambon blanc
- 2 jaunes d'œufs
- 2 cuillerées à soupe de crème fraîche épaisse
- 1/2 citron
- Sel breton

Ôtez la partie sableuse des pieds des champignons, nettoyez-les à l'eau citronnée. Coupez-les en lamelles et faites-les cuire 6 minutes au micro-ondes dans un plat couvert avec un peu d'eau, une pincée de sel et quelques gouttes de jus de citron.

Égouttez parfaitement les champignons et passez-les au mixer avec la tranche de jambon, 2 cuillerées à soupe de crème fraîche et 2 jaunes d'œufs. Épluchez la betterave, découpez-la en tranches dans le sens de la longueur, puis en bâtonnets de 1 cm d'épaisseur. Beurrez largement le moule ou tapissez-le de papier sulfurisé. Étalez d'abord une couche de la mousse de champignons, disposez ensuite les bâtonnets de betterave, renouvelez l'opération, tassez bien et terminez par une couche de champignons. Faites cuire 3 minutes au micro-ondes, puissance maximale, puis 7 minutes à 30 % de la puissance totale (décongélation). Laissez refroidir et mettez au réfrigérateur pendant 12 heures avant de démouler.

Au moment de servir, **prélevez la part de bébé** (2 petites tranches). Rectifiez l'assaisonnement pour les adultes en ajoutant du poivre, un peu de fromage blanc aux fines herbes.

Cette terrine se conserve 24 heures au réfrigérateur dans une boîte hermétique.

Si vous ne disposez pas de couvercle « spécial micro-ondes », vous pouvez recouvrir votre plat d'une assiette ou d'un film transparent.

TERRINE VÉNITIENNE *(dès neuf mois)*

Vert, blanc, rouge : les trois couleurs de l'Italie pour cette terrine qui peut se déguster chaude, tiède ou froide. Très facile à préparer, elle se compose de 3 omelettes superposées. Accompagnez-la d'une salade finement ciselée ; cette terrine pourra constituer la base d'un repas léger.

Recette pour 3
Préparation : 10 minutes
Cuisson : 9 minutes
Réfrigération : selon les goûts

- 50 g d'épinards
- 2 tomates
- 6 œufs
- 2 cuillerées à soupe de crème fraîche épaisse
- Sel breton

Lavez les épinards, passez-les au mixer. Ajoutez 2 œufs, une cuillerée à soupe de crème fraîche, un peu de sel, mixez à nouveau. Mettez cette omelette dans un bol en attente. Rincez le bol du mixer.

Pelez et épépinez les tomates, mixez-les avec 2 œufs, une cuillerée à soupe de crème fraîche et un peu de sel. Dans un bol, battez les 2 œufs restants. Beurrez largement une terrine ou tapissez-la de papier sulfurisé. Dans une poêle antiadhésive, mettez à chauffer à feu très doux une noix de beurre avec une cuillerée à soupe d'huile de tournesol. Versez doucement l'omelette à la tomate et laissez cuire

2 minutes ; l'omelette doit rester baveuse. Repliez-la de chaque côté en chausson et faites-la glisser dans la terrine. Faites cuire de la même façon l'omelette nature et l'omelette aux épinards. Superposez-les dans la terrine. Tassez l'ensemble et faites cuire 5 minutes à 30 % de la puissance totale (décongélation).

Démoulez et servez chaud, ou laissez refroidir et mettez au réfrigérateur pendant 2 heures avant de démouler.

Au moment de servir, **prélevez la part de bébé** (2 petites tranches). Rectifiez l'assaisonnement pour les adultes en ajoutant du poivre.

La terrine vénitienne se garde vingt-quatre heures au réfrigérateur dans une boîte hermétique.

TERRINE VÉNITIENNE MINUTE *(dès neuf mois)*

Recette pour 3
Préparation : 5 minutes
Cuisson : 9 minutes
Réfrigération : selon les goûts

C'est la même recette que précédemment ; remplacez simplement les épinards frais par **4 galets d'épinards surgelés** et les tomates par **1 cuillerée à soupe de concentré de tomate.**

TERRINE DU CAPITAINE *(dès douze mois)*

Recette pour 3
Préparation : 10 minutes
Cuisson : 12 minutes

- 2 filets de haddock
- 2 cuillerées à soupe de tapioca en poudre
- 2 œufs
- 1/4 de litre de lait
- 1 cuillerée à soupe de crème fraîche épaisse

Faites chauffer les filets de haddock avec le lait dans un plat couvert 3 minutes au micro-ondes. Égouttez soigneusement les filets.

Versez le lait dans une casserole, ajoutez le tapioca en pluie fine et faites cuire 2 minutes sans cesser de remuer. Mixez 1 filet de haddock avec le tapioca, les œufs et la crème fraîche.

Beurrez largement une terrine ou tapissez-la de papier sulfurisé. Étalez-y d'abord une couche de la préparation, disposez ensuite le filet de haddock restant, tassez bien et terminez par une couche de préparation. Faites cuire 3 minutes au micro-ondes, puissance maximale, puis 5 minutes à 30 % de la puissance totale (décongélation). Laissez refroidir et mettez au réfrigérateur pendant 12 heures avant de démouler.

Au moment de servir, **prélevez la part de bébé :** 2 petites tranches accompagnées d'une sauce au citron. Rectifiez l'assaisonnement pour les adultes en ajoutant du poivre.

TERRINE DE MOUSSE DE LIEU AUX BROCOLIS *(dès six mois)*

Recette pour 3
Préparation : 10 minutes
Cuisson : 35 minutes
Réfrigération : 12 heures

- 400 g de filet de lieu
- 1 bouquet de brocolis
- 3 jaunes d'œufs
- 3 cuillerées à soupe de crème fraîche épaisse
- 1/2 citron
- 1 branche de thym
- 1 branche de persil
- 1 feuille de laurier
- Sel breton
- Fromage blanc et cerfeuil haché pour l'accompagnement

Hachez le persil au mixer. Disposez les filets de lieu dans une assiette creuse, ajoutez le jus d'un demi-citron, une branche de thym, la feuille de laurier, le persil haché et une pincée de sel. Recouvrez d'un film transparent et faites cuire 3 minutes au micro-ondes, puissance maximale. Égouttez le poisson cuit dans une passoire.

Entre-temps, lavez les brocolis, coupez les tiges à la naissance des bouquets. Faites-les cuire à la vapeur : mettez de l'eau dans le fond de votre autocuiseur, les brocolis dans le panier métallique, fermez et laissez-les cuire 4 minutes à partir du moment où la soupape chuchote. Égouttez-les et séchez-les délicatement à l'aide d'un papier absorbant.

Mixez en mousse fine les filets de lieu avec les œufs, la crème fraîche et une pincée de sel.

Beurrez largement une terrine ou tapissez-la de papier sulfurisé.

Remplissez-la en alternant une couche de mousse, les bouquets de brocolis, et terminez par une couche de préparation. Faites cuire 3 minutes au micro-ondes, puissance maximale, puis 7 minutes à 30 % de la puissance totale (décongélation). Laissez refroidir et mettez au réfrigérateur pendant 12 heures avant de démouler.

Au moment de servir, **prélevez la part de bébé** (2 petites tranches). Accompagnez du reste des bouquets de brocolis cuits et d'une sauce au yaourt et aux fines herbes. Rectifiez l'assaisonnement pour les adultes en ajoutant du poivre.

Cette terrine se conserve 24 heures au réfrigérateur dans une boîte hermétique.

COULIS DE TOMATES *(dès douze mois)*

Préparation : 10 minutes
Cuisson : 10 minutes en autocuiseur

- 4 tomates
- 1 oignon
- 1 gousse d'ail
- 1 branche de thym
- 1 cuillerée à café de basilic ciselé
- 1 cuillerée à soupe d'huile d'olive
- Sel breton

Pelez les tomates. Pour les peler facilement, plongez-les quelques instants dans une casserole d'eau bouillante ou mettez-les 15 secondes au micro-ondes. Écrasez les tomates pelées à la fourchette.

Épluchez l'ail et l'oignon. Hachez-les. Mettez les tomates, l'ail, l'oignon dans l'autocuiseur. Ajoutez une branche de thym et une pincée de sel. Fermez et laissez cuire 10 minutes à partir du moment où la soupape chuchote.

Filtrez la préparation à travers une passoire fine. Ajoutez l'huile d'olive et le basilic ciselé.

Pour donner plus de consistance à votre coulis, vous pouvez lui incorporer, juste après l'avoir filtré, une cuillerée à café de Maïzena ou de fécule de pomme de terre.

COULIS ROSE *(dès neuf mois)*

- 3 tomates pelées et épépinées
- 1 cuillerée à café de concentré de tomate
- Le jus de 1/2 citron
- 2 cuillerées à soupe de fromage blanc
- 1 cuillerée à café de crème fraîche
- Une pincée de sel breton

Mixez l'ensemble pour obtenir une crème rose.

TERRINE DE SAUMON AUX POIREAUX *(dès neuf mois)*

Recette pour 3
Préparation : 10 minutes
Cuisson : 13 minutes
Réfrigération : 12 heures

- 200 g de saumon frais en 2 escalopes
- 3 poireaux
- 1 avocat

- 3 jaunes d'œufs
- 3 cuillerées à soupe de crème fraîche épaisse
- 1/2 citron
- Une branche de thym
- Fromage blanc et cerfeuil haché pour l'accompagnement

Disposez les 2 escalopes dans une assiette creuse, ajoutez un filet de citron, une branche de thym et une pincée de sel. Recouvrez d'un film transparent et faites cuire 2 minutes au micro-ondes, puissance maximale. Égouttez le saumon cuit dans une passoire. Lavez les poireaux, découpez-les en tronçons, ne gardez que les blancs et la partie vert tendre. Faites-les cuire 5 minutes dans de l'eau bouillante salée, égouttez-les et, pour en extraire toute l'eau, essorez-les délicatement dans un torchon propre.

Coupez l'avocat en deux et videz-le à l'aide d'une cuillère. Mixez ensemble la chair de l'avocat, les poireaux, la crème fraîche, ajoutez les œufs et une pincée de sel.

Beurrez largement une terrine ou tapissez-la de papier sulfurisé. Remplissez-la en alternant une couche de mousse, une escalope de saumon, et terminez par une couche de mousse. Faites cuire 3 minutes au micro-ondes, puissance maximale, puis 7 minutes à 30 % de la puissance totale (décongélation). Laissez refroidir et mettez au réfrigérateur pendant 12 heures avant de démouler. Au moment de servir, **prélevez la part de bébé** (2 petites tranches). Accompagnez de fromage blanc au cerfeuil. Rectifiez l'assaisonnement pour les adultes en ajoutant du poivre.

Cette terrine se conserve 24 heures au réfrigérateur dans une boîte hermétique.

TERRINE DE THON-THON À L'OSEILLE *(dès douze mois)*

Une belle feuille d'oseille, une couche de thon en mousse, une autre feuille, du thon en morceaux, de la mousse, encore une feuille... et c'est tout !

Recette pour 3
Préparation : 10 minutes
Cuisson : 16 minutes
Réfrigération : 12 heures

- 300 g de thon frais
- 100 g d'oseille
- 3 œufs
- 1 yaourt nature
- 1/2 verre de lait
- 30 g de mie de pain
- Sel breton

Faites cuire le thon dans un plat couvert 3 minutes au micro-ondes. Laissez-le refroidir, enlevez la peau et les arêtes. Laissez égoutter les morceaux de thon.

Pendant ce temps, émiettez la mie de pain dans le lait et faites cuire quelques instants dans une casserole afin d'obtenir une panade.

Mixez les deux tiers du thon avec le yaourt et la panade, réservez cette préparation dans un plat. Réservez également dans un bol le reste du thon en morceaux. Rincez votre mixer.

Épluchez l'oseille en retirant les côtes des feuilles. Lavez et essuyez-la à l'aide d'un papier absorbant. Réservez 3 belles feuilles. Mixez le reste de l'oseille avec les œufs et un peu de sel. Ajoutez la mousse de thon. Goûtez pour vérifier l'assaisonnement.

Beurrez largement une terrine ou tapissez-la de papier sulfurisé. Disposez une des feuilles d'oseille que vous avez réservées, versez ensuite la moitié de la préparation, déposez une autre feuille d'oseille, tassez et placez les morceaux de thon par-dessus, recouvrez du reste de la préparation, terminez par une dernière feuille d'oseille.

Tassez l'ensemble et faites cuire 3 minutes au micro-ondes, puissance maximale, puis 5 minutes à 30 % de la puissance totale (décongélation). Laissez refroidir et mettez au réfrigérateur pendant 12 heures. Sortez la terrine 1 heure avant de la démouler.

Au moment de servir, **prélevez la part de bébé :** 2 petites tranches accompagnées de fromage frais aux fines herbes. Rectifiez l'assaisonnement pour les adultes en ajoutant du poivre.

TERRINE « Z'ANTILLES » CRABE ET CREVETTES *(dès dix-huit mois)*

À l'idée d'attaquer les pattes de l'animal à table, avec tous les risques que cela suppose pour la garde-robe des voisins, la plupart des convives renoncent. Mais dans votre cuisine, tranquillement armée d'un bon casse-noix, vous pourrez en extraire facilement la chair délicieuse. Moins cher et plus savoureux que les boîtes du commerce, commandez un tourteau cuit, garanti de première fraîcheur, chez votre poissonnier.

Recette pour 3
Préparation : 15 minutes
Cuisson : 17 minutes
Réfrigération : 12 heures

- 1 tourteau cuit

- 100 g de crevettes décortiquées
- 100 g de bâtonnets de crabe tout prêts
- 2 avocats
- 2 jaunes d'œufs cuits durs
- 2 cuillerées à soupe de crème fraîche épaisse
- 1 citron
- Sel breton
- Persil

Mettez les crevettes à égoutter dans une passoire. Hachez 3 branches de persil.

Décortiquez le coffre et les pattes du crabe. Émiettez la chair ; ne vous laissez pas rebuter par le contenu de la tête du tourteau : cette crème grise mixée en mayonnaise légère avec une cuillerée à soupe d'huile d'olive, un jaune d'œuf et un filet de citron constituera une sauce incomparable.

Coupez les avocats en deux et videz-les à l'aide d'une petite cuillère. Mixez ensemble les avocats, le crabe émietté, les crevettes, les jaunes d'œufs, la crème fraîche avec un peu de sel.

Tapissez le fond et les parois de la terrine de bâtonnets de crabe disposés dans le sens de la longueur. Versez ensuite un tiers de la préparation, saupoudrez de persil haché et renouvelez l'opération. Terminez par une couche de la préparation et recouvrez d'une rangée de bâtonnets. Tassez bien. Mettez au réfrigérateur pendant 6 heures avant de démouler.

Au moment de servir, **prélevez la part de bébé** (2 petites tranches).

Cette terrine se conserve 24 heures au réfrigérateur dans une boîte hermétique.

TERRINE « IL ÉTAIT UNE FOIS » *(dès neuf mois)*

Il était une fois une marchande de foie qui vendait du foie dans la ville de Foix. Elle m'a dit : « Les foies de volaille, ce n'est pas cher, ma foi, et c'est bon, n'est-ce pas ? »

Recette pour 3
Préparation : 10 minutes
Cuisson : 18 minutes
Réfrigération : 12 heures

- 100 g de foies de volaille
- 50 g de jambon cru
- 1 échalote
- 1 cuillerée à café de fines herbes
- 2 cuillerées à soupe de crème fraîche épaisse
- Sel breton

Pelez et hachez l'échalote.

Découpez les foies de volaille et le jambon en fines lamelles. Faites cuire les foies et le jambon émincés dans un plat couvert avec l'échalote et les fines herbes, 5 minutes au micro-ondes, chaleur maximale. Remuez en cours de cuisson. Égouttez. Passez cette préparation au mixer avec la crème.

Beurrez largement une terrine ou tapissez-la de papier sulfurisé, et versez-y la préparation. Laissez refroidir et mettez au réfrigérateur pendant 12 heures avant de démouler.

Au moment de servir, **prélevez la part de bébé** (1 tranche). Rectifiez l'assaisonnement pour les adultes en ajoutant du poivre.

Cette terrine se conserve 24 heures au réfrigérateur dans une boîte hermétique.

Terrine Z'antilles

POISSONS CRUS, POISSONS CUITS, POISSONS CRUS, POISSONS CUITS...

Poissons et crustacés, sous toutes les formes, sont plus faciles à mâcher, à digérer et à assimiler que la viande.

La consommation du poisson cru et de crustacés pour les jeunes enfants est assez controversée. Les Japonais en mangent depuis des millénaires, de même que les Tahitiens, qui nous ont donné leur recette.

Leur saveur et leur consistance sont inégalables.

Une seule condition : être absolument sûr de la fraîcheur du poisson.

DORADE CRUE À LA NOIX DE COCO *(dès douze mois)*

Une recette d'inspiration tahitienne. La dorade est un poisson à chair blanche ferme. Quand elle est préparée crue, son goût très fin peut être comparé à celui du crabe. Les enfants adorent l'exotisme.

Recette pour 3
Préparation : 20 minutes
Marinade : 1 heure au minimum

- 3 filets de dorade grise ou rose
- 1 échalote hachée
- 2 carottes
- 2 œufs durs

- 3 citrons (verts, de préférence)
- 60 g de noix de coco en poudre
- 3 cuillerées à soupe d'huile d'olive de première pression à froid
- 1 tige de cerfeuil et/ou de coriandre
- Sel breton
- Poivre pour les adultes

Demandez à votre poissonnier de vous préparer 3 filets de dorade. Coupez-les en petites lamelles avec des ciseaux. Mettez-les dans une assiette. Pressez le jus des 3 citrons et versez-le sur les filets avec 1 cuillerée d'huile en veillant à bien imbiber les tranches. Recouvrez d'un film transparent et laissez macérer au minimum 1 heure au réfrigérateur.

Pendant ce temps, épluchez les carottes, râpez-les et assaisonnez-les avec une pincée de sel et 2 cuillerées à soupe d'huile.

Faites cuire les œufs 7 minutes, dans une casserole d'eau, puis écalez-les et coupez-les en morceaux.

Au moment de servir, retirez les lamelles de poisson de la marinade. Elles seront devenues bien blanches, cuites en quelque sorte par la macération. Mettez-les au centre d'un plat. Saupoudrez avec la noix de coco, les herbes ciselées. Disposez les carottes râpées en couronne tout autour, décorez avec les morceaux d'œufs durs.

Réservez l'équivalent d'**une demi-tranche pour votre bébé.** Rectifiez l'assaisonnement pour les adultes en ajoutant un tour de moulin à poivre et l'échalote épluchée et hachée. Si vous êtes amateur de mayonnaise, vous pouvez en ajouter sur les œufs.

SAUMON CRU À L'ANETH ET À LA GROSEILLE *(dès neuf mois)*

Le saumon cru est une entrée de luxe qui rivalise avec le saumon fumé chez tous les grands restaurateurs. Ce poisson dit gras est d'une grande valeur énergétique. Je recommande d'en offrir à bébé dès six mois ; cela le changera avantageusement de la sempiternelle tranche de jambon blanc. La consistance de ce plat est tendre et fondante.

Les groseilles sont des fruits d'été qui claquent sous la dent en diffusant un jus acidulé. Elles peuvent être remplacées, l'hiver, par des quartiers de clémentine en petits morceaux, préalablement épluchés.

Recette pour 3
Préparation : 3 minutes
Marinade : 1 heure

- 3 tranches de saumon cru (garanties de première fraîcheur)
- 2 cuillerées à soupe d'huile d'olive de première pression à froid
- 1 tige d'aneth ou de fenouil
- 50 g de groseilles
- Poivre pour les adultes

Demandez à votre poissonnier de vous couper des tranches fines comme du papier. Mettez-les dans une assiette et versez l'huile d'olive dessus en veillant à bien imbiber les tranches. Recouvrez d'un film transparent et laissez macérer 1 heure au réfrigérateur.

Pendant ce temps, équeutez et lavez les groseilles dans une passoire à l'eau courante. Essuyez-les dans un papier absorbant, versez-les sur le poisson, ciselez l'aneth et parsemez-en le plat. Réservez **une petite demi-tranche pour votre bébé,** coupez-la en menus morceaux et servez avec 2 feuilles de salade hachées et citronnées. Vous pouvez aussi accompagner son plat d'une petite pomme de terre cuite à la vapeur et écrasée à la fourchette. Rectifiez l'assaisonnement en ajoutant le poivre pour les adultes.

Des petits poissons du fil de l'eau au micro-ondes... Ouf, pas de casserole à laver ! Une cuisine sans mauvaises odeurs, saine, rapide, excellente.

CABILLAUD À L'INDIENNE *(dès douze mois)*

Le cabillaud à l'indienne, servi avec des bananes en légume, est une recette exotique qui a fait très tôt le régal de ma fille. Je vous le recommande donc. Les préparations indiquées pour le cabillaud peuvent également servir pour le colin, le lieu noir, l'églefin, le congre ou la merluche.

Recette pour 3
Préparation : 5 minutes
Cuisson : 7 minutes

- 3 tranches de cabillaud
- 1 oignon
- 1 tomate

- 1 cuillerée à soupe de curry doux
- 2 cuillerées à soupe d'huile d'olive de première pression à froid
- 1/2 citron
- Poivre pour les adultes

Mettez les tranches de cabillaud dans une assiette que vous recouvrez d'un film transparent ou d'un couvercle pour les faire cuire dans le four à micro-ondes 7 minutes, puissance maximale.

Pendant ce temps, épluchez l'oignon sous l'eau courante, hachez-le et faites-le blondir à feu doux dans une poêle avec l'huile d'olive. Coupez la tomate en morceaux et faites-la cuire avec les oignons ; enfin saupoudrez de curry le contenu de la poêle, ajoutez 1/2 verre d'eau, laissez encore une minute sur le feu avant de verser le jus de citron et d'ajouter les tranches de cabillaud.

Au moment de servir, **prélevez la part de bébé,** 1/2 tranche. Rectifiez l'assaisonnement pour les adultes en ajoutant du poivre ou du piment si vous aimez les plats très épicés.

Le meilleur accompagnement pour le cabillaud à l'indienne est le riz, mais aussi les bananes-légumes et les haricots verts.

COLIN CÂLIN SAUCE ESTRAGON *(dès douze mois)*

Le colin ou merlu est estimé pour sa chair blanche et ferme. Je l'accommode avec une petite sauce légère, goûteuse et acidulée. Une recette rapide et très agréable.

Recette pour 3
Préparation : 5 minutes
Cuisson : 9 minutes

- 3 tranches de colin (de première fraîcheur)
- 3 cuillerées à café de farine
- 3 cuillerées à soupe d'huile de tournesol
- 1 tige d'aneth ou de fenouil
- 1/2 citron
- Poivre pour les adultes

Farinez chaque tranche avec 1/2 cuillerée à café de farine de chaque côté. Faites chauffer doucement l'huile dans une poêle et mettez-y les tranches farinées 5 minutes d'un côté, 4 minutes de l'autre.

Au moment de servir, citronnez, saupoudrez d'herbes, **prélevez la part de bébé,** 40 g. Rectifiez l'assaisonnement pour les adultes en ajoutant du poivre.

COLIN À L'ÉTOUFFÉE AU MICRO-ONDES *(dès six mois)*

Pas d'huile, pas de farine, pas d'odeurs tenaces, pas de casserole à laver. Le colin est aussi très bon cuit au micro-ondes, et encore plus digeste.

Recette pour 3
Préparation : 2 minutes
Cuisson : 7 minutes

Mettez les 3 tranches de colin dans une assiette que vous recouvrez d'un film transparent ou d'un couvercle pour les faire cuire dans le four à micro-ondes, 7 minutes, puissance maximale. Égouttez avant de verser la sauce à l'estragon.

SAUCE CITRON À L'ESTRAGON *(dès six mois)*

Recette pour 3
Préparation : 5 minutes
Cuisson : 2 minutes

- 2 cuillerées à café de Maïzena
- 1 citron
- 1 branche d'estragon
- 2 cuillerées à soupe de crème fraîche
- Sel breton

Délayez 2 cuillerées à café rases de Maïzena dans un peu d'eau. Faites chauffer dans un petit bol le jus d'un citron avec les feuilles d'estragon hachées, 1 minute au micro-ondes, puissance maximale. Versez en remuant la Maïzena dans le petit bol et faites cuire encore 1 minute au micro-ondes. Enfin, ajoutez en remuant la crème fraîche et le sel.

COQUILLES SAINT-JACQUES *(dès neuf mois)*

Les coquilles Saint-Jacques tiennent leur nom des pèlerins de Saint-Jacques-de-Compostelle qui portaient ces coquillages comme emblème sur leurs chapeaux. Ces mollusques peuvent s'accommoder de cent manières différentes. C'est un plat d'hiver un peu cher que l'on peut toutefois s'offrir facilement en entrée.

Recette pour 3
Préparation : 5 minutes
Marinade : 1/4 d'heure
Cuisson : 7 minutes

- 8 coquilles Saint-Jacques (garanties de première fraîcheur)
- 2 échalotes
- 1 cuillerée de beurre
- 3 cuillerées à soupe d'huile d'olive (première pression à froid)
- 3 cuillerées à soupe de crème fraîche
- Herbes fraîches, persil, ciboulette...
- Poivre pour les adultes

Choisissez des coquilles Saint-Jacques qui ne bâillent pas, signe de fraîcheur, demandez à votre poissonnier de les ouvrir et de vous mettre de côté la noix et le corail.

Coupez les noix en deux dans le sens de l'épaisseur. Mettez-les dans une assiette et versez dessus 2 cuillerées d'huile d'olive en veillant à bien imbiber les tranches. Recouvrez d'un film de cellophane et laissez macérer 1/4 d'heure.

Pendant ce temps, épluchez les échalotes sous l'eau courante. Hachez-les et faites-les blondir 5 minutes tout doucement dans une poêle avec l'huile et le beurre, puis ajoutez le corail et laissez cuire encore 5 minutes, puis enfin les noix 2 petites minutes avec la crème fraîche. Ciselez les herbes et saupoudrez.

Au moment de servir, **prélevez la part de bébé,** 40 g. Rectifiez l'assaisonnement pour les adultes en ajoutant du poivre. Ce plat s'accompagne de riz nature.

COQUILLES PROVENÇALES *(dès dix-huit mois)*

Qu'est-ce que c'est, la Provence ? C'est le soleil, les tomates, le thym, les olives et l'ail... Les coquilles à la Provençale, je vous dis pas... !

Recette pour 3
Préparation : 5 minutes
Marinade : 1/4 d'heure
Cuisson : 7 minutes

- 9 coquilles Saint-Jacques (garanties de première fraîcheur)
- 2 tomates
- 1 oignon
- 3 cuillerées à soupe d'huile d'olive (première pression à froid)
- 1 cuillerée à soupe de concentré de tomate
- 1 gousse d'ail
- 1 pincée de thym
- Poivre pour les adultes

Préparez séparément la noix et le corail. Coupez les noix en deux dans le sens de l'épaisseur. Mettez-les dans une assiette et versez dessus 2 cuillerées d'huile d'olive en veillant à bien imbiber les tranches. Recouvrez d'un film de cellophane et laissez macérer 1/4 d'heure.

Pendant ce temps, épluchez l'oignon sous l'eau courante. Hachez-le et faites-le blondir 5 minutes tout doucement dans une poêle avec l'huile. Épluchez la gousse d'ail, écrasez-la, puis coupez en quatre vos tomates[1]. Mettez l'ail, le thym, les tomates, le

1. Faites-le dans l'ordre, car la tomate enlève l'odeur tenace de l'ail sur les doigts.

concentré de tomate, 2 à 3 cuillerées à soupe d'eau, dans la poêle ajoutez le corail et laissez cuire encore 7 minutes, puis enfin les noix 2 petites minutes.

Au moment de servir **prélevez la part de bébé,** 80 g. Rectifiez l'assaisonnement pour les adultes en ajoutant du poivre.

COQUILLES AU GRATIN *(dès quinze mois)*

D'abord, faites chauffer votre four, ensuite vous n'avez qu'à suivre la recette précédente mais au lieu de mettre les noix crues dans la poêle vous les mettez dans les coquilles, vous répartissez dessus votre préparation avec le corail, et vous saupoudrez une cuillère à café de chapelure par coquille. Mettez votre four sur la position gril, thermostat 8, enfournez et attendez 10 minutes avant de servir.

RAIE AUX CORNICHONS *(dès douze mois)*

La raie est un poisson plat, à chair fine et blanche. Elle est très savoureuse pochée avec de la crème et non avec du beurre noir (un vrai poison). Elle s'accommode très bien de la saveur acidulée du cornichon, des câpres, de l'oseille.

Recette pour 3
Préparation : 5 minutes
Cuisson : 7 minutes

- 3 morceaux d'aile de raie
- 1/2 verre de vinaigre à cornichons
- 6 à 8 cornichons
- 3 cuillerées à soupe de crème fraîche épaisse

- 1 tige d'aneth ou de fenouil
- Sel
- Poivre pour les adultes

Mettez les morceaux de raie dans une casserole d'eau froide avec le vinaigre et du sel. Faites chauffer et laissez frémir 10 minutes. Pendant ce temps, coupez les cornichons en tout petits morceaux, ciselez l'aneth et mélangez avec la crème.

Égouttez les morceaux de raie, ôtez la peau, puis versez le mélange de crème. Au moment de servir, **prélevez la part de bébé,** 60 g. Rectifiez l'assaisonnement pour les adultes en ajoutant du poivre. Comme légume d'accompagnement je propose les pommes de terre, le riz, le fenouil, les courgettes et aussi les épinards.

SAUMON AU SAUMON *(dès douze mois)*

Aujourd'hui, la mode est au saumon cuit à l'unilatéral, c'est-à-dire grillé d'un seul côté, une cuisson qui permet de restituer à la fois le goût du cru et du cuit. Mais, quand ce n'est pas bien préparé, c'est infect. Alors voici ma méthode qui respecte les saveurs et les consistances :

Recette pour 3
Préparation : 5 minutes
Marinade : 1 heure
Cuisson : 7 minutes

- 3 fines tranches de saumon cru (de première fraîcheur)
- 3 escalopes de saumon
- 2 cuillerées à soupe d'huile d'olive (première pression à froid)

- 1 tige d'aneth ou de fenouil
- 1/2 citron
- Poivre pour les adultes

Demandez à votre poissonnier, en plus des escalopes de saumon, de couper 3 tranches fines comme des feuilles. Mettez-les dans une assiette et versez dessus l'huile d'olive en veillant à bien imbiber les tranches. Recouvrez d'un film de cellophane et laissez macérer 1 heure au réfrigérateur.

Mettez les escalopes de saumon dans une assiette que vous recouvrirez d'un film de cellophane ou d'un couvercle pour les cuire dans le four à micro-ondes 7 minutes, puissance maximale.

Au moment de servir, disposez sur les escalopes les petites tranches de saumon cru avec l'huile de marinade, un jus de citron et les herbes, **prélevez la part de bébé,** 40 g. Rectifiez l'assaisonnement pour les adultes en ajoutant du poivre.

Cette recette s'accompagne très bien avec des endives, du fenouil à l'étouffée, des épinards, des haricots verts, du riz ou des pommes de terre vapeur.

TRUITE À LA PURÉE D'OIGNONS *(dès douze mois)*

Voyez au sein de l'onde... la truite vagabonde... cuite au micro-ondes... !

Recette pour 3
Préparation : 5 minutes
Cuisson : 8 minutes

- 2 belles truites

- 1/2 citron
- Sel
- Poivre pour les adultes

Demandez à votre poissonnier de vider et couper la tête et la queue de 2 belles truites. Mettez les 2 truites dans un plat, arrosez de jus de citron puis recouvrez le plat d'un film de cellophane ou d'un couvercle pour les cuire dans le four à micro-ondes, 8 minutes, puissance maximale.

Comme légume d'accompagnement, outre la purée d'oignons, je propose, au choix, les pommes de terre, le riz, le fenouil, et les courgettes.

PURÉE D'OIGNONS DÉLICE *(dès douze mois)*

Recette pour 3
Cuisson : 8 + 2 + 1 minutes

- 3 gros oignons
- 1 cuillerée à soupe de Maïzena
- 1 cuillerée à soupe rase de curry
- 1 cuillerée à café rase de sel breton
- 1 petit bol de lait

Coupez les oignons en quatre en ôtant seulement la peau qui s'en va toute seule, mettez les morceaux dans une assiette recouverte d'un film de cellophane ou d'un couvercle pour les cuire dans le four à micro-ondes, puissance maximale. Quand ils sont cuits, retirez la chair tendre et blanche avec une cuillère à soupe et mélangez-les dans le mixer avec une béchamel au curry.

Pour faire la béchamel au curry faites chauffer le bol de lait 2 minutes au micro-ondes puissance maximale.

Pendant ce temps, mélangez la Maïzena avec 2 cuillerées à soupe de lait, le curry et le sel breton. Enfin, versez en tournant la préparation dans le lait bouillant. Le mélange s'épaissit instantanément. Pour plus d'homogénéité, faites recuire 1 minute la purée d'oignons mixée avec la béchamel.

Au moment de servir, **prélevez la part de bébé,** 60 g. Rectifiez l'assaisonnement pour les adultes en ajoutant du poivre.

LA VIANDE

« Tu ne sortiras pas de table avant d'avoir terminé ta viande ! » Cette phrase terrible retentit encore à nos oreilles comme un affreux pensum. Souvenez-vous du morceau de beefsteak gardé tel un chewing-gum dans le coin de la bouche, impossible à avaler, et imaginez que votre cher bambin avec ses quenottes, ses petites dents de lait, n'est peut-être pas encore prêt à devenir carnivore.

La viande est très bonne pour apprendre à mastiquer, mais il ne faut pas que cet exercice devienne une épreuve. De six mois jusqu'à deux ans, bébé n'aura pas besoin de plus de 60 g de viande par jour pour bien se porter. Alors, donnez-lui de tout petits bouts et mangez le reste, c'est lui qui finira par en réclamer !

La viande

Mais, direz-vous encore, comment prépare-t-on de la viande qui convienne aux adultes comme aux bébés ?

C'est très simple. Il suffit de faire une cuisine légère, de bien connaître les procédés de cuisson sans adjonction de matières grasses. C'est ainsi qu'elle devient digeste pour les estomacs les plus délicats.

Grillée sur une plaque de fonte brûlante

Il ne faut pas enduire de graisse les morceaux à griller, le truc c'est de faire chauffer la plaque jusqu'à ce qu'elle soit presque fumante. La viande ainsi saisie garde toute sa saveur et tout son jus à l'intérieur. Elle se décolle très bien au bout de quelques minutes. Il suffit de la retourner à ce moment-là.

Grillée sur un lit d'herbes et de gros sel

Ce mode de cuisson est une variante agréable de la précédente, elle est plus parfumée. Si on ne possède pas de gril, on peut mettre le morceau à cuire sur une bonne couche de gros sel étalée dans une poêle brûlante dès que le sel se met à crépiter.

Rôtie au four traditionnel ou à la broche

Si le four a été bien préchauffé, la viande est saisie par la chaleur sèche. Cette cuisson est parfaite pour le bœuf ou l'agneau, mais beaucoup moins pour le veau ou le porc qui ont tendance à devenir durs et secs avec des cuissons trop rapides.

La volaille à cuire doit être piquée avant d'être enfournée afin que la peau libère, en cours de cuisson, la graisse qui s'y loge habituellement.

Un conseil utile : il est préférable de ne pas saler les viandes rouges avant la cuisson, mais en revanche de les saler abondamment à la fin avec du gros sel dilué dans un petit peu de bon vinaigre[1] et de laisser reposer la viande quelques minutes avant de la découper. Pour laisser reposer le rôti, gardez-le dans le four éteint, porte ouverte, ou recouvrez-le de sacs en papier et même de couvertures. Ma grand-mère transportait ainsi les gigots, depuis le four du boulanger où ils avaient cuit. Mais elle ne laissait cuire que 20 minutes un rôti d'un kilo, soit 5 minutes de moins que la durée normale par livre. Quand il reste ainsi au chaud, le rôti continue de cuire très doucement.

En pot-au-feu : le lapin, la blanquette, le jambonneau

La viande bouillie, c'est-à-dire cuite dans l'eau froide chauffée progressivement ou pochée dans le bouillon en ébullition, a toujours été très digeste. Pour les viandes grasses, il suffit de confectionner le plat la veille, de le laisser refroidir et de retirer avec une écumoire la graisse qui remonte à la surface avant de le faire réchauffer dans le bouillon ainsi dégraissé.

En cocotte dans un fond de bouillon aromatisé ou dans du jus de légumes

Si la viande a été préalablement marinée, la différence avec un ragoût traditionnel cuit dans la graisse est minime.

1. Le vinaigre sert à déglacer la sauce de viande, il permet aussi de dissoudre rapidement le sel qui va pénétrer dans la viande et par conséquent d'empêcher le sang de se figer au milieu du rôti. Il se répartit, il n'y a ni milieu sanguinolent, ni talon trop sec, ni angoisse quand les convives sont en retard.

À l'étouffée au micro-ondes

Ce mode de cuisson, parfait pour le poisson, n'est pas le meilleur pour la viande, qui devient fade et molle. Cependant, pour le foie et la cervelle, c'est excellent.

Sautée à la poêle puis dégraissée

Si l'on veut réaliser une cuisson sautée légère, il est utile d'avoir une sauteuse à revêtement antiadhésif, de faire mariner la viande pour l'attendrir et lui donner du « peps », d'utiliser très peu d'huile, de bien saisir les aliments et de les déposer après cuisson sur un papier absorbant.

Les graisses cuites, qui, indéniablement, apportent de la saveur aux aliments, sont indigestes, surtout si elles sont réchauffées ou trop cuites, en revanche l'huile crue est excellente pour la santé.

Des marinades pour cuisiner léger

Quand il n'y a pas de réfrigérateur, et surtout dans les pays chauds, le secret des marinades est précieux pour conserver les aliments, les attendrir et relever leur goût.

En principe, on peut faire macérer n'importe quelle viande ou n'importe quel poisson dans le sel, le sel et le sucre, l'huile, le jus de pamplemousse, le citron ou le vinaigre dilué dans de l'eau, le vin ; pour les enfants, on remplace le vin par des infusions acidulées et aromatiques comprenant, par exemple, thym, menthe, ail, laurier et un peu de vinaigre.

Trois marinades simples

• La marinade au citron avec des herbes, du piment ou du poivre pour les adultes. Elle précuit en quelque sorte la viande ou le poisson.

• La marinade à l'huile, excellente pour le saumon cru, peut être employée pour les viandes à rôtir qu'elle attendrit. Pour plus de légèreté, il ne faut pas oublier d'essuyer les morceaux avant de les faire cuire.

• Enfin, une marinade de base au vinaigre de cidre, avec un oignon, une carotte, du fenouil, du thym, du romarin, du laurier, des clous de girofle, quelques grains de poivre, des herbes – basilic, persil, coriandre... Je la recommande pour les ragoûts ou les viandes émincées que l'on veut faire griller.

FOIE DE VEAU FONDANT AUX RAISINS *(dès neuf mois)*

Les abats sont mous, faciles à mâcher, faciles à assimiler. Habituellement on fait cuire au beurre et à feu doux, dans la poêle, les tranches de foie farinées. Voici une recette extrêmement simple, fondante et légère.

Recette pour 3
Préparation : 10 minutes
Marinade : la veille
Cuisson : 10 minutes

- 300 g de foie de veau
- 1 cuillerée d'huile d'olive
- 1 jus de citron
- 10 grains de raisin blanc
- 1 cuillerée à café de sucre de canne
- 1 cuillerée à soupe de beurre
- 1/2 cuillerée à café de quatre-épices
- 1 cuillerée à café de sel breton
- 1 oignon

Épluchez l'oignon et coupez-le en rondelles. Préparez une petite marinade avec un jus de citron, l'huile et une pincée de quatre-épices. Mettez le foie de veau en un seul morceau dans un saladier, salez-le, puis arrosez-le de la marinade et couvrez avec une assiette.

Laissez mariner toute la nuit au réfrigérateur. Retournez-le une ou deux fois pour qu'il soit bien imbibé. Ainsi, le foie est comme précuit. Retirez le foie de la marinade, déposez-le sur un papier absorbant, puis faites-lui une deuxième peau en l'enveloppant dans du film transparent. Faites-le cuire dans un plat couvert 4 à 5 minutes, puissance maximale, au micro-ondes. Percez le foie avec la lame d'un couteau pour vérifier qu'il est bien cuit. Il doit être à peine rosé au centre. Par ailleurs, faites réduire la marinade dans une casserole, jetez-y les grains de raisin pelés et la cuillerée de sucre. À la fin, ajoutez le beurre juste le temps nécessaire pour qu'il fonde, et versez-le aussitôt sur le foie.

Prélevez la part de bébé, 30 g, que vous couperez facilement en tout petits morceaux. Rectifiez l'assaisonnement en ajoutant du poivre pour les adultes. Le foie fondant aux raisins s'accompagne de purée, de riz ou de légumes vapeur.

Si vous n'avez pas de micro-ondes, faites-le cuire au four, au bain-marie, dans une terrine, thermostat 5/6 (160/180°), pendant 30 minutes.

Le temps de cuisson du foie devra être ajusté selon la puissance de votre four à micro-ondes (entre 4 et 5 minutes).

ROULADE DE VEAU D'ÉTÉ AU RIZ *(dès quinze mois)*

C'est vraiment bon, c'est un plat complet, assez facile à faire, et même un jeu d'enfant si votre boucher accepte de ficeler vos roulades. Plus tard, vous pourrez faire la même recette avec des paupiettes du commerce et vous continuerez à vous régaler.

Recette pour 3
Préparation : 15 minutes
Cuisson : 10 minutes

- 3 fines escalopes de veau
- 3 tranches de jambon blanc

- 2 œufs
- 6 olives vertes dénoyautées
- 1 cuillerée à soupe d'huile d'olive de première pression à froid
- 3 tiges de persil
- 1 oignon
- 6 tomates olivettes pelées ou une demi-boîte de tomates pelées
- 1 pincée de thym
- 2 bols de riz long blanc
- 2 bols d'eau (2 bols 1/2 si vous employez des tomates fraîches)
- Sel breton
- Paprika et poivre pour les adultes

Faites durcir les œufs en les plongeant 10 minutes dans l'eau bouillante, puis passez-les sous l'eau froide pour les écaler. Hachez ensemble le jambon, les œufs durs, les olives et le persil. Répartissez cette farce sur les escalopes puis ficelez-les pour former des paupiettes. Épluchez l'oignon et coupez-le en morceaux.

Faites chauffer l'huile d'olive dans l'autocuiseur et faites-y dorer quelques instants les paupiettes avec l'oignon, puis ajoutez les tomates avec leur jus, le thym, le sel, le riz et l'eau ; fermez l'autocuiseur et laissez cuire 10 minutes après la rotation de la soupape. (Il est préférable de prolonger la cuisson pour les paupiettes du commerce, qui contiennent de la chair à saucisse.)

Prélevez la part de bébé, 60 g. Rectifiez l'assaisonnement pour les adultes en ajoutant du poivre et du paprika.

Pour éviter de pleurer, passez les oignons sous l'eau courante en les épluchant.

Pour peler facilement les tomates, plongez-les quelques instants dans une casserole d'eau bouillante. La peau de la tomate ébouillantée se fripe et glisse entre les doigts et la pulpe.

VEAU D'HIVER À L'ORANGE *(dès dix-huit mois)*

Recette pour 3
Préparation : 10 minutes
Cuisson : 40 minutes

- 600 g de longe de veau
- 1 cuillerée à soupe d'huile d'olive
- 5 carottes
- 2 oranges
- 1/2 citron
- 1 bulbe de fenouil
- 1 oignon
- 1 cuillerée à soupe rase de farine
- 2 clous de girofle
- 1 cuillerée à café de sel breton
- Poivre, paprika et un doigt de curaçao pour les adultes

Épluchez les carottes et coupez-les en rondelles, épluchez et coupez en quatre l'oignon et le fenouil.

Faites dorer rapidement à l'huile, dans l'autocuiseur, la viande coupée en morceaux. Saupoudrez de farine. Pressez le jus des oranges et versez-le dessus, puis ajoutez carottes, oignon, fenouil et clous de girofle et une cuillerée à café de sel de mer. Fermez l'autocuiseur et laissez cuire 40 minutes après la rotation de la soupape.

Au moment de servir, versez le jus de citron, puis **prélevez la part de bébé,** 50 g, et coupez-la en petits morceaux avec des ciseaux. Rectifiez l'assaisonnement pour les adultes en ajoutant le poivre et le paprika. Le veau à l'orange s'accompagne de riz safrané.

Pour que le safran dégage le maximum d'arôme, réduisez-le en poudre en l'écrasant avec le dos d'une cuillère puis laissez-le infuser quelques instants dans un peu d'eau avant de le verser sur le riz blanc.

Si vous n'avez pas d'autocuiseur, vous pouvez faire cuire le veau dans une cocotte ordinaire à petits bouillons en multipliant le temps de cuisson par deux et en ajoutant un verre d'eau à cause de l'évaporation.

VEAU D'AUTOMNE-HIVER EN BLANQUETTE À LA SAUGE *(dès douze mois)*

La base de cette préparation très simple remonte à la plus haute Antiquité.

La viande grillée ou revenue dans la graisse est ensuite pochée dans l'eau bouillante avec des aromates. Les cuisiniers ont perfectionné ce plat en inventant des sauces variées. La sauce de la blanquette est une merveille qui ravit les grands et les petits, et peut être adaptée à la fameuse poule au pot du bon roi Henri.

Recette pour 3
Préparation : 10 minutes
Cuisson : 40 minutes

- 300 g d'épaule de veau
- 300 g de jarret de veau (plus moelleux)
- 1 carotte

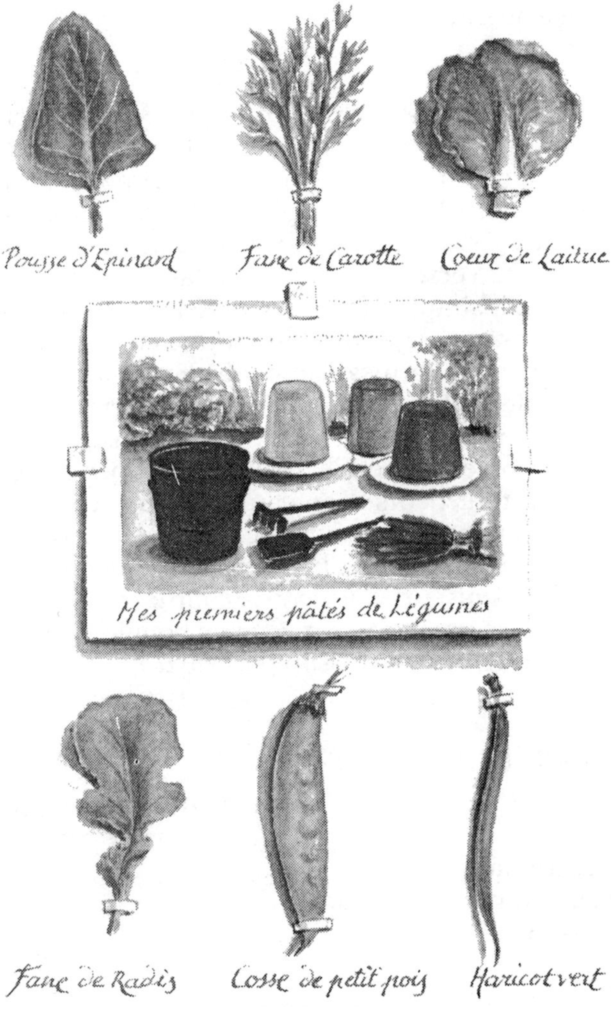
Pousse d'Epinard
Fane de Carotte
Coeur de Laitue
Mes premiers pâtés de Légumes
Fane de Radis
Cosse de petit pois
Haricot vert

- 1 oignon
- 1 bouquet garni : thym, laurier, persil, clou de girofle…
- 1 tige de sauge
- 1 cuillerée à café de sel breton

Faites chauffer votre cocotte et faites-y dorer la viandc coupée en morceaux, attendez qu'elle se décolle du fond pour la retourner afin de la faire dorer de tous les côtés. Épluchez la carotte et coupez-la en rondelles, épluchez l'oignon et coupez-le en quatre. Versez de l'eau bouillante pour que la viande soit simplement recouverte, ajoutez carotte, oignon, bouquet garni, sauge et une cuillerée à café de sel de mer. Fermez l'autocuiseur et laissez cuire 40 minutes après la rotation de la soupape.

Prélevez la part de bébé, 40 g. Choisissez pour lui un morceau d'épaule que vous couperez facilement en tout petits morceaux avec des ciseaux et que vous napperez ensuite de sauce délice ou simplement de crème fraîche au citron. Si vous n'avez pas d'autocuiseur, vous pouvez faire cuire le veau dans une cocotte ordinaire à petits bouillons en multipliant le temps de cuisson par deux.

SAUCE BLANQUETTE DÉLICE *(dès douze mois)*

Recette pour 3
Préparation : 10 minutes
Cuisson : 40 minutes

- 1 cuillerée à soupe de farine
- 1 cuillerée à soupe de beurre
- 1 œuf

- 4 cuillerées à soupe de crème fraîche
- 1 citron
- Poivre pour les adultes

Dans une casserole, faites fondre le beurre. Quand il est mousseux, ajoutez la farine en remuant avec une cuillère en bois, versez petit à petit 2 louches du bouillon de cuisson en remuant toujours. Laissez cuire 5 minutes. La sauce doit être épaisse comme une purée.

Battez le jaune d'œuf dans un bol avec la crème fraîche, puis ajoutez le jus de citron petit à petit. Retirez du feu la casserole contenant la sauce et versez-y lentement, en tournant, le contenu du bol. C'est prêt.

Pour bébé, n'abusez pas de la sauce. Mais pour vous, en revanche, n'hésitez pas, et rectifiez l'assaisonnement en ajoutant du poivre.

La blanquette s'accompagne très bien de pommes de terre cuites à la vapeur, d'endives et de champignons. Vous pouvez aussi la servir avec des tagliatelles ou du riz blanc.

POULE AU POT À L'ESTRAGON *(dès douze mois)*

Recette pour 3
Préparation : 20 minutes
Cuisson : 30 minutes

- 1 poule de 1 kilo avec son foie
- 1 tranche de jambon blanc
- 1 échalote
- 100 g de champignons
- 3 carottes

Pour inspirer bébé, vous pouvez accompagner le repas d'encouragements qu'il prendra pour autant de mots doux comme : mon poulet, mon poussin, mon lapin, mon petit canard ! C'est ça qu'est bon !

Canard d'été aux framboises

• 1 blanc de poireau
• 1 bouquet garni : thym, laurier, persil, clou de girofle…
• 1 cuillerée à café de sel breton
• 3 tiges d'estragon frais

Ôtez le pied terreux des champignons, lavez-les rapidement sous l'eau courante, essuyez-les avec du papier absorbant et hachez-les avec une tranche de jambon blanc, une échalote, du persil et le foie de la poule. Farcissez la poule de la préparation et ficelez-lui les pattes en les repliant sur le ventre pour que la farce reste bien à l'intérieur. Épluchez et coupez en rondelles les carottes et le poireau.

Plongez la poule dans un autocuiseur rempli d'eau bouillante, ajoutez le blanc de poireau, les carottes, le bouquet garni et le sel. Fermez l'autocuiseur et laissez cuire 30 minutes après la mise en rotation de la soupape.

Prélevez la part de bébé, 40 g. Choisissez pour lui un morceau de blanc que vous couperez facilement en tout petits morceaux avec des ciseaux et que vous napperez ensuite d'un petit peu de sauce blanquette dans laquelle vous ajouterez les feuilles d'estragon hachées. Rectifiez l'assaisonnement pour les adultes en ajoutant du poivre.

La poule au pot à l'estragon, comme la blanquette de veau, s'accompagne très bien de pommes de terre cuites à la vapeur, d'endives, de tagliatelles ou de riz blanc.

Si vous n'avez pas d'autocuiseur, vous pouvez faire cuire le veau dans une cocotte ordinaire à petits bouillons en multipliant le temps de cuisson par deux.

ESCALOPES DE POULET À L'ANANAS *(dès dix-huit mois)*

Recette pour 3
Préparation : 10 minutes
Marinade : 10 minutes au minimum
Cuisson : 5 minutes

- 2 petites escalopes de poulet
- 1 tranche d'ananas au sirop
- 1 oignon
- 1 cuillerée à soupe de sauce de soja
- 1 cuillerée d'huile d'olive
- 1 cuillerée à soupe de moutarde
- 1 pincée de quatre-épices
- Sel de mer
- Poivre pour les adultes
- 1 citron

Coupez les escalopes en fines lanières avec des ciseaux. Épluchez et coupez l'oignon en rondelles. Faites une petite marinade avec un jus de citron, l'oignon, du poivre et une pincée de quatre-épices. Versez la marinade sur les lanières de poulet dans une assiette creuse. Retournez les morceaux de temps en temps. Retirez la viande de la marinade, posez-la sur une feuille de papier absorbant puis jetez-la dans une poêle brûlante. Laissez-la dorer quelques secondes. Ajoutez la tranche d'ananas coupée en petits morceaux. Laissez-la caraméliser quelques secondes. Pendant ce temps, mélangez, dans l'ordre, l'huile, la moutarde, la sauce de soja, la marinade et versez aussitôt cette préparation sur la viande, remuez avec une cuillère en bois, et laissez cuire 4 à 5 minutes.

Prélevez la part de bébé, 50 g. Rectifiez l'assaisonnement en ajoutant du piment pour les adultes.

On trouve le quatre-épices, ou poivre de la Jamaïque (qui est une baie aromatique et non un mélange d'épices), dans tous les rayons épicerie. On peut le remplacer en réalisant son propre mélange de poivre, de muscade, de girofle et de cannelle.

N'ayez aucune crainte, la moutarde pour les petits, c'est possible ! Cuite, elle devient un condiment doux et crémeux. Elle perd son côté acide et piquant et se marie très bien avec la sauce de soja et toutes sortes d'herbes et d'épices.

CANARD AUX FRAMBOISES *(dès quinze mois)*

Un canard disait à sa cane : « Ris, cane ! »... et la cane a ri.

Recette pour 3
Préparation : 10 minutes
Cuisson : 25 minutes

- 1 canard vidé et préparé
- 3 cuillerées à soupe de miel
- 2 cuillerées à soupe de vinaigre
- 100 g de framboises
- Sel breton
- Poivre pour les adultes

Faites chauffer votre four au maximum pendant 10 minutes, puis réglez-le sur le thermostat 7 (200°). Mettez le canard dans un plat à rôtir sans l'enduire de beurre ou d'une quelconque matière grasse, piquez-le avec la pointe d'un couteau pour que la peau libère en cours de cuisson la graisse qui s'y loge.

Rincez les framboises, puis posez-les sur un papier absorbant. Mélangez dans un bol le miel, le vinaigre, les framboises et le sel. Faites chauffer 3 minutes au micro-ondes, puissance maximale. 5 minutes avant la fin de la cuisson de la volaille, versez le mélange sur le canard, éteignez votre four et laissez reposer pour que la chaleur se répartisse depuis le cœur de la viande.

Prélevez la part de bébé, 50 g dans le filet, enlevez la peau qui, quoique croustillante et délicieuse, reste la partie la plus grasse, coupez en aiguillettes. Rectifiez l'assaisonnement en ajoutant du poivre pour les adultes. Ce canard s'accompagne de haricots verts, de riz, de petits légumes nouveaux.

N'ayez aucune crainte, le vinaigre pour les petits, c'est possible ! À la cuisson, ses vapeurs éthérées se volatilisent, son côté très légèrement acidulé relève la sauce en même temps qu'il est un excellent « véhicule » pour les épices.

CANARD AUX FIGUES *(dès quinze mois)*

C'est une variante simple du canard aux framboises. Il suffit de remplacer les framboises par des figues qui servent à la fois d'accompagnement et de sauce.

- 6 figues

Mélangez 1 cuillerée de miel, le sel et le vinaigre dans un bol. Lavez les figues, puis coupez-les en deux. Mettez-les dans un plat et versez le mélange dessus, puis couvrez et passez au micro-ondes 4 minutes, puissance maximale. Ajoutez dans le plat du canard 5 minutes avant la fin de la cuisson.

Suggestion : si vous n'avez pas de figues, vous pouvez servir le canard avec des petits navets et des carottes nouvelles poêlés ou cuits au micro-ondes et ensuite caramélisés au miel et au vinaigre.

LAPIN D'HIVER AU POT *(dès douze mois)*

Une excellente potée dont la saveur acidulée est proche de celle du borchtch. Goûtez-y, vous en redemanderez !

Recette pour 3
Préparation : 10 minutes
Marinade : 30 minutes au minimum
Cuisson : 40 minutes

- 1 lapin coupé en morceaux
- 2 cuillerées à soupe d'huile d'olive
- 2 carottes
- 3 cuillerées à soupe de vinaigre de vin
- 1 tige de persil
- 1 branche de thym et 1 branche de romarin
- 1 feuille de laurier
- 1/2 chou blanc
- 2 oignons
- 2 cuillerées de concentré de tomate
- 2 cuillerées à soupe de crème fraîche
- 1/2 cuillerée à café de sel breton
- Poivre en grains, paprika

Faites une petite marinade avec les carottes épluchées et coupées en rondelles, les oignons épluchés et coupés en quatre, le vinaigre, un verre d'eau, le persil, le laurier, le thym, le romarin, le poivre et le paprika. Versez la marinade sur les morceaux de lapin dans un plat creux. Retournez les morceaux de temps en temps. (La viande peut mariner depuis la veille au réfrigérateur, dans un plat couvert.)

Faites bouillir de l'eau dans une casserole et plongez-y le demi-chou jusqu'à nouvelle ébullition, puis égouttez-le.

Lapin d'hiver au pot au feu

Mettez la viande et sa marinade dans l'autocuiseur avec le concentré de tomate, le chou et le sel. Laissez bouillonner une minute pour faire évaporer le vinaigre. Fermez l'autocuiseur et laissez cuire 20 minutes après la rotation de la soupape.

Au moment de servir, ajoutez la crème fraîche. **Prélevez la part de bébé,** 50 g, et coupez-la en petits morceaux. Rectifiez l'assaisonnement pour les adultes en ajoutant le poivre et de la crème fraîche selon votre goût.

Le lapin d'hiver s'accompagne de pommes de terre vapeur.

LAPIN D'ÉTÉ À L'ESTRAGON *(dès douze mois)*

Recette pour 3
Préparation : 10 minutes
Marinade : 30 minutes au minimum
Cuisson : 40 minutes

- 1 lapin coupé en morceaux
- 2 cuillerées à soupe d'huile d'olive
- 2 carottes
- 1 citron
- 2 tomates
- 2 oignons
- 2 cuillerées à soupe de crème fraîche
- 4 tiges d'estragon
- 1/2 cuillerée à café de sel breton
- Poivre

Faites une petite marinade avec le jus du citron, l'huile d'olive, du poivre et de l'estragon. Versez la marinade sur les morceaux de lapin dans un plat creux. Retournez les morceaux de temps en temps. (La viande peut mariner depuis la veille au réfrigérateur, dans un plat couvert.)

Épluchez les carottes et coupez-les en rondelles, épluchez les oignons et les tomates et coupez-les en quatre.

Retirez la viande de la marinade, posez-la sur une feuille de papier absorbant puis mettez-la dans l'autocuiseur avec les carottes, les oignons, les tomates et le sel. Fermez l'autocuiseur et laissez cuire 20 minutes après la rotation de la soupape.

Au moment de servir, versez la marinade dans l'autocuiseur et laissez encore 1 minute sur le feu, puis ajoutez la crème fraîche. **Prélevez la part de**

bébé, 50 g, et coupez-la en petits morceaux. Rectifiez l'assaisonnement pour les adultes en ajoutant le poivre. Le lapin à l'estragon s'accompagne de riz ou de légumes vapeur.

Après dix-huit mois, vous pourrez faire revenir rapidement les morceaux de viande avant d'ajouter les légumes.

PALETTE DE PORC AU CITRON CONFIT *(dès douze mois)*

Une recette originale si simple et si bonne que je l'ai longtemps gardée secrète. Ne la donnez qu'à vos meilleurs amis.

Recette pour 3
Préparation : 5 minutes
Cuisson : 30 minutes

- 1/2 palette de porc demi-sel
- 1 oignon
- 1 citron confit
- 10 olives vertes

Les charcutiers font de très bonnes saumures, alors autant leur acheter la palette crue déjà marinée. À la cuisson, cette viande fondante devient rose comme un jambonneau. Attention, surtout n'ajoutez jamais de sel à la cuisson, le plat serait immangeable, d'autant que le citron confit et les olives sont également salés.

Plongez la palette avec le citron, les olives et l'oignon épluché dans un autocuiseur rempli d'eau bouillante. Fermez l'autocuiseur, laissez cuire 30 minutes après la mise en rotation de la soupape. C'est tout !

Prélevez la part de bébé, 40 g. Choisissez pour lui un morceau tendre que vous couperez facilement en tout petits morceaux avec des ciseaux. Rectifiez l'assaisonnement en ajoutant du poivre pour les adultes.

Vous trouverez des citrons confits dans les épiceries orientales ou chez les traiteurs qui vendent des produits grecs ou marocains.

La palette s'accompagne de riz ou de légumes vapeur. Elle peut se consommer froide avec du fromage blanc aux fines herbes.

Si vous n'avez pas d'autocuiseur, vous pouvez faire cuire le porc dans une cocotte ordinaire à petits bouillons, en multipliant le temps de cuisson par deux.

PORC D'ÉTÉ AU CHUTNEY D'ABRICOT *(dès dix-huit mois)*

Une recette originale sucrée-salée. Vous appréciez le rôti de porc aux pruneaux, vous aimerez donc la palette au chutney d'abricot. Le chutney est un condiment d'origine indienne, très prisé par les Anglais, qui en préparent avec toutes sortes de fruits pour accompagner les viandes blanches.

Recette pour 3
Préparation : 20 minutes
Cuisson : 30 minutes

- 1/2 palette de porc
- Sel de mer

- 1 bouquet garni
- 1 oignon
- 1 livre d'abricots
- 100 g de Confisucre
- 3 cuillerées à soupe de vinaigre de vin
- Piment doux pour les adultes

Plongez la palette avec le bouquet garni dans un autocuiseur rempli d'eau bouillante salée. Laissez cuire 35 minutes après la mise en rotation de la soupape. Pendant ce temps, dénoyautez les abricots et coupez-les en morceaux, coupez l'oignon en lamelles. Ajoutez le Confisucre, remuez et laissez-les reposer dans un bol jusqu'à ce que le sucre soit fondu. Versez l'ensemble dans une grande casserole épaisse et portez à ébullition, laissez cuire 5 minutes, puis versez le vinaigre et laissez cuire encore 5 minutes pour que les vapeurs du vinaigre se volatilisent. **Prélevez la part de bébé,** 50 g. Choisissez pour lui un morceau que vous couperez en tout petits morceaux avec des ciseaux. Versez le chutney dessus. Rectifiez l'assaisonnement en ajoutant du piment pour les adultes.

La palette au chutney s'accompagne de riz ou de légumes vapeur. Si vous n'avez pas d'autocuiseur, vous pouvez faire cuire le porc dans une cocotte ordinaire à petits bouillons en multipliant le temps de cuisson par deux.

AGNEAU D'ÉTÉ AU « CARAMIEL » *(dès quinze mois)*

Recette pour 3
Préparation : 10 minutes
Cuisson : 5 minutes

- 1/2 épaule d'agneau d'environ 1 livre
- 3 cuillerées à soupe de miel
- 2 cuillerées à soupe de vinaigre
- 1/2 cuillerée à café de quatre-épices
- 1/2 cuillerée à café de sel
- Poivre pour les adultes

Faites chauffer votre four au maximum pendant 10 minutes, puis réglez-le sur le thermostat 7 (200°). Mettez l'épaule dans un plat à rôtir sans l'enduire de beurre ou d'une quelconque matière grasse. Comptez environ 1/4 d'heure par livre pour la première livre et 10 minutes par livre supplémentaire. Mélangez dans un bol le miel, le vinaigre et le sel. 5 minutes avant la fin de la cuisson, versez le mélange sur l'épaule, éteignez votre four et laissez reposer pour que la chaleur se répartisse depuis le cœur de la viande.

Prélevez la part de bébé, 50 g. Rectifiez l'assaisonnement en ajoutant du poivre pour les adultes.

Cette recette s'accompagne d'aubergines rôties, de haricots verts, de pommes de terre ou de riz.

N'ayez aucune crainte, le vinaigre pour les petits, c'est possible ! À la cuisson, les vapeurs éthérées se volatilisent, son côté très légèrement acidulé relève la sauce en même temps qu'il est un excellent « véhicule » pour les épices.

AGNEAU À LA MENTHE *(dès quinze mois)*

Variante simple du plat précédent. Il suffit de piler au mortier les feuilles de trois tiges de menthe, de les mélanger ensuite avec 1 cuillerée de miel, le sel et le vinaigre.

AGNEAU EN BOULETTES AU COUSCOUS *(dès douze mois)*

Recette miracle de François, mise au point pour sa fille et dont les enfants raffolent.

Recette pour 3
Préparation : 15 minutes
Cuisson : 20 minutes

- 5 côtes d'agneau premières
- 3 carottes
- 3 navets
- 2 courgettes
- 3 tiges de coriandre
- 1 oignon
- 1 gousse d'ail
- 1/2 cuillerée à café de gingembre
- 2 cubes de bouillon de bœuf
- 250 g de semoule de couscous (grain moyen, précuit)
- 2 cuillerées à soupe de beurre
- Harissa pour les adultes

Hachez la noix des côtes d'agneau et pétrissez-la tout simplement dans vos mains en formant des boulettes.

Épluchez, lavez et coupez les carottes, les navets, l'oignon, et les courgettes que vous réservez. Mettez 1 litre et demi d'eau à bouillir avec les cubes de bouillon dans l'autocuiseur, plongez-y les légumes, l'ail, les tiges de coriandre dont vous réservez les feuilles, et le gingembre. Fermez l'autocuiseur et laissez cuire 15 minutes après la rotation de la soupape.

Pendant ce temps, mettez la semoule dans un saladier avec du sel, versez dessus 1/2 litre d'eau bouillante salée, faites gonfler 5 minutes au micro-ondes, puissance maximale, puis égrenez vivement avec une fourchette et ajoutez le beurre. Ouvrez l'autocuiseur et plongez-y les courgettes, puis les boulettes dans le bouillon de légumes bouillant, laissez cuire 5 minutes et parsemez de feuilles de coriandre ciselées. **Prélevez la part de bébé.** Rectifiez l'assaisonnement en ajoutant de la harissa pour les adultes.

BOULETTES BOULOUCHE *(dès quinze mois)*

Les boulettes, c'est rond, c'est croustillant, c'est facile à mâcher. C'est un plaisir double, pour les enfants et les parents contents.

Recette pour 3
Préparation : 10 minutes
Cuisson : 7 minutes

- 260 g de steak haché
- 1 œuf
- 1/4 de baguette ou 5 tranches de pain rassis
- 1 verre de lait

- 1/2 verre d'eau
- 1/2 oignon
- 2 tiges de menthe, de coriandre ou de persil
- 1 assiette de chapelure
- 10 cl d'huile de tournesol
- 1/2 citron
- Sel breton
- Poivre pour les adultes

Mélangez l'eau et le lait, ajoutez le sel, versez le tout sur les tranches de pain dans un petit plat creux juste assez grand pour les 5 tranches, couvrez d'un film transparent ou d'un couvercle pour les faire cuire dans le four à micro-ondes 2 minutes, puissance maximale.

Les tartines, parfaitement imbibées, sont devenues molles, essorez-les entre vos doigts puis malaxez cette pâte dans un saladier avec la viande, l'oignon finement haché et la menthe ciselée pour obtenir une pâte rose. Roulez, dans la paume de vos mains, 6 à 8 boulettes.

Cassez un œuf et battez-le en omelette dans un bol avec une fourchette. Trempez-y les boulettes que vous roulez ensuite dans une assiette de chapelure pour les paner.

Dans une grande poêle, faites chauffer l'huile sans la faire fumer, elle doit être bien chaude quand on y jette la première boulette pour la saisir. Puis baissez le feu, aplatissez les boulettes avec la fourchette pour qu'elles soient plus moelleuses. Quand elles sont cuites, elles sont croustillantes et de couleur brune. Déposez-les sur un papier absorbant.

Au moment de servir, ajoutez un filet de citron, **prélevez la part de bébé.** Rectifiez l'assaisonnement pour les adultes en ajoutant du poivre.

Les boulettes Boulouche sont aussi excellentes froides. Elles s'accompagnent très bien d'une salade de pommes de terre.

Si vous ne disposez pas d'un four à micro-ondes, il faut faire tremper le pain rassis au moins 1/2 heure avant de faire poêler les boulettes.

ÉMINCÉ DE BŒUF À LA CORIANDRE *(dès dix-huit mois)*

Bravo pour les Chinois, qui utilisent la viande coupée en fines lamelles comme prétexte à des combinaisons de légumes variés et parfumés !

Recette pour 3
Préparation : 10 minutes
Marinade : 10 minutes au minimum
Cuisson : 5 minutes

- 2 beefsteaks
- 100 g de champignons
- 1 oignon nouveau
- 1 cuillerée à soupe de sauce de soja
- 2 tiges de coriandre
- 1 cuillerée d'huile d'olive
- 1 cuillerée à soupe de moutarde
- Poivre pour les adultes

Coupez les steaks en fines lanières avec des ciseaux. Épluchez l'oignon, gardez la tige et coupez le tout en rondelles. Épluchez, lavez et coupez les champignons en lamelles. Faites sauter la viande dans une poêle avec une cuillerée d'huile. Faites-la revenir quelques secondes, puis ajoutez l'oignon, les champignons, la moutarde, la sauce de soja, remuez avec une cuillère en bois, laissez cuire 5 minutes et parsemez de coriandre ciselée.

Prélevez la part de bébé, 50 g. Rectifiez l'assaisonnement en ajoutant du poivron rouge sauté et du piment pour les adultes. N'ayez aucune crainte, **la moutarde pour les petits, c'est possible !** Cuite, elle devient un condiment doux et crémeux. Elle perd son côté acide et piquant et se marie très bien avec la sauce de soja et toutes sortes d'herbes et d'épices.

DOUCEURS

Le bébé, comme les grands sportifs, a besoin de sucre, nourriture essentielle du muscle, qui favorise son développement ; cependant le sucre raffiné peut devenir une véritable drogue. Il faut oublier l'idée du su-sucre, du bonbon récompense.

Si votre enfant a faim entre les repas, donnez-lui des fruits frais crus ou en compote selon son âge, des laits de fromage frais aux crudités.

Moins de sucreries, plus d'amour et de douceur ! Moins de gâteaux, des entremets !

Des préparations légères avec plus de fruits, et moins de sucre ! Et des gâteaux, d'accord, pour les goûters de fête !

Moins de gâteaux, des entremets !

CRÈME À LA VANILLE *(dès six mois)*

La recette de grand-mère réactualisée au micro-ondes, simple, facile et savoureuse, improvisée en un rien de temps.

Recette pour 3
Préparation : 5 minutes
Cuisson : 8 minutes

- 1/4 de litre de lait
- 1 gousse de vanille fendue en deux
- 2 jaunes d'œufs
- 30 g de sucre en poudre

Faites chauffer le lait avec la vanille 2,30 minutes au micro-ondes. Mixez les jaunes avec le sucre jusqu'à ce que le mélange blanchisse. Diluez lentement avec un peu de lait chaud, reversez le mélange dans le lait et battez l'ensemble au fouet.

Filtrez cette crème à travers une passoire fine et répartissez-la dans les ramequins. Faites cuire 5 minutes au micro-ondes, programme décongélation (30 % de la puissance maximale) : la crème doit être prise sur le pourtour et semi-liquide au centre. Sortez les ramequins, laissez-les refroidir et placez-les au réfrigérateur pendant au moins 2 heures.

Pour bébé, servez à la cuillère, en dessert ou au goûter. Il n'y a pas de quantité préétablie, respectez son appétit.

CRÈME RENVERSÉE *(dès six mois)*

Recette pour 3
Préparation : 10 minutes
Cuisson : 8 minutes

- 1/2 litre de lait
- 1 gousse de vanille fendue en deux
- 70 g de sucre en poudre
- 3 œufs
- 2 cuillerées à soupe de Maïzena

Caramel :
- 50 g de sucre en poudre
- 1 cuillerée à soupe d'eau

Dans un plat en verre à feu (en Pyrex, par exemple), versez 50 g de sucre et une cuillerée à soupe d'eau. Faites caraméliser au micro-ondes 2,30 minutes, chaleur maximale, en surveillant.

Faites chauffer le lait avec la vanille 4 minutes au micro-ondes, chaleur maximale, jusqu'à ébullition. Battez ensemble les œufs, 70 g de sucre et la Maïzena. Versez progressivement le lait bouillant sur ce mélange en remuant sans cesse.

Filtrez la préparation à travers une passoire fine et reversez-la dans le plat de caramel. Faites cuire 2 minutes au micro-ondes, chaleur maximale, puis terminez sur programme mijotage (50 % de la puissance maximale) pendant 1,30 minute. Laissez refroidir avant de démouler. Pour bébé, servez à la cuillère, en dessert ou au goûter. Il n'y a pas de quantité préétablie, respectez son appétit.

Dans un four traditionnel, faites cuire 45 minutes, thermostat 4 (150°).

ŒUFS À LA NEIGE DE WINNIE *(dès neuf mois)*

Une délicieuse crème au miel sur laquelle flottent de petites îles de blancs d'œufs battus en neige.

Recette pour 3
Préparation : 5 minutes
Cuisson : 5 minutes

- 1/4 de litre de lait
- 3 cuillerées à café de miel
- 1 gousse de vanille
- 3 œufs
- 20 g de sucre en poudre
- 30 g de sucre glace
- Sel

Faites chauffer le lait avec une cuillerée de miel et la gousse de vanille 2,30 minutes au micro-ondes. Pendant ce temps, séparez les blancs des jaunes d'œufs. Mixez les jaunes avec le sucre semoule jusqu'à ce que le mélange blanchisse. Diluez lentement avec un peu de lait chaud, reversez le mélange dans le lait et faites cuire 5 minutes en tout sur programme décongélation (30 %). En cours de cuisson, remuez au fouet à main trois fois (toutes les 1,30 minute ; programmez votre micro-ondes sur 1,30 minute trois fois de suite). La crème ne doit pas bouillir.

Montez les blancs en neige en incorporant une pincée de sel et le sucre glace. Avec une cuillère à soupe, prélevez les blancs montés et déposez-les sur un plat en petits tas espacés. Faites-les cuire 1 minute. Disposez-les sur la crème refroidie et arrosez de 2 cuillerées à soupe de miel.

Pour bébé, servez à la cuillère, en dessert ou au goûter. Il n'y a pas de quantité préétablie, respectez son appétit.

RIZ AU LAIT *(dès six mois)*

Le riz au lait se prépare en général avec un reste de riz déjà cuit, mais pas n'importe quel riz. Si l'on aime ce dessert tendre et crémeux, il faut du bon gros riz rond.

Recette pour 3
Préparation : 3 minutes
Cuisson : 28 minutes

- 2 verres de riz cuit
- 1/2 litre de lait
- 1 gousse de vanille fendue en deux
- 50 g de sucre en poudre
- 1 œuf
- Sel breton

Dans un plat spécial pour micro-ondes, mélangez le lait et le riz cuit, et ajoutez la gousse de vanille. Faites bouillir au micro-ondes, 3 minutes, chaleur maximale. Incorporez le sucre en poudre et remuez bien. Faites cuire 10 minutes, programme mijotage.

Allumez le four traditionnel, thermostat 8 (220°). Battez l'œuf entier avec une cuillerée à soupe de lait froid et incorporez-le à la préparation dès la fin de la cuisson. Versez le tout dans un plat à four traditionnel et faites dorer 15 minutes.

Pour bébé, servez à la cuillère, en dessert ou au goûter. Il n'y a pas de quantité préétablie, respectez son appétit.

LAIT DE POULE *(dès six mois)*

Simple et délicieux, le « lait de poule » est un excellent reconstituant pour petits et grands. Servez-le en collation de 10 heures, au goûter ou pour les froides soirées d'hiver.

Recette pour 3
Préparation et cuisson : 5 minutes

- 3 bols de lait
- 2 jaunes d'œufs
- 3 cuillerées à soupe de sucre

Faites bouillir le lait. Battez les jaunes d'œufs et le sucre au fouet. Délayez progressivement avec le lait chaud. Filtrez. Bébé pourra en déguster 100 g dans un biberon.

VARIATIONS

Vous pouvez, selon l'inspiration :
remplacer le sucre par du **miel,**
ajouter une gousse de **vanille,**
saupoudrer de **cannelle**
ou parfumer le lait de poule avec quelques gouttes d'**eau de fleur d'oranger.**

CRÈME AU CHOCOLAT *(dès neuf mois)*

Recette pour 3
Préparation : 10 minutes
Cuisson : 10 minutes

- 100 g de chocolat noir amer
- 1/4 de litre de lait
- 3 cuillerées à soupe de Maïzena
- 2 jaunes d'œufs
- 30 g de sucre en poudre

Dans une jatte, faites fondre le chocolat avec un verre de lait 1,30 minute au micro-ondes, puissance maximale.

Dans un bol, délayez la Maïzena avec 2 cuillerées à soupe de lait froid. Remuez le chocolat ramolli en pommade, versez le reste du lait en fouettant. Portez à ébullition 3 minutes.

Mélangez le sucre et les jaunes d'œufs. Diluez lentement avec un peu du lait chocolaté chaud, et reversez le mélange dans la jatte. Ajoutez la Maïzena délayée, battez l'ensemble au fouet. Filtrez cette crème à travers une passoire fine et répartissez-la dans les ramequins. Faites cuire 5 minutes au micro-ondes sur programme décongélation (30 %) : la crème doit être prise sur le pourtour et semi-liquide au centre. Sortez les ramequins, laissez-les refroidir et placez-les au réfrigérateur pendant au moins 2 heures.

Vive les préparations légères avec plus de fruits, et moins de sucre !

POMMES RÂPÉES À LA CANNELLE *(dès six mois)*

Ma mère me donnait de la pomme râpée crue quand j'avais mangé trop de chocolat. « La pomme est le médecin de la maison. » Dépurative et désaltérante, elle constitue un excellent dessert.

Recette pour 3
Préparation : 5 minutes

- 4 pommes (reinettes, Boskoop ou Canada)
- 1/2 citron
- Cannelle en poudre

Coupez les pommes en quatre, pelez-les, ôtez les pépins et passez-les à la grosse râpe du robot-mixer. Arrosez-les tout de suite de jus de citron pour qu'elles gardent leur couleur. Si elles sont un peu acides, ajoutez une pincée de sucre roux.

Disposez les pommes râpées dans des coupelles. Saupoudrez de cannelle.

Si vous ne disposez pas de robot, vous pouvez passer les pommes coupées en morceaux au moulin à légumes ou éplucher les pommes entières et les râper à la main.

COMPOTE DE POMMES ET DE POIRES À LA VANILLE *(dès quatre mois)*

Recette pour 3
Préparation : 3 minutes
Cuisson : 5 minutes

- 3 pommes (reinettes, Boskoop ou Canada)
- 2 poires
- 1 citron
- 1 sachet de sucre vanillé
- 30 g d'amandes effilées ou de pignons pour les adultes

Coupez pommes et poires en quartiers, épluchez-les et ôtez les pépins. Ajoutez quelques gouttes de citron pour empêcher les fruits de s'oxyder. Faites-les cuire dans un plat couvert au micro-ondes 5 minutes, puissance maximale.

Dans votre mixer, réduisez les fruits cuits en compote avec le sucre vanillé. Répartissez la compote dans des bols, laissez tiédir et saupoudrez d'amandes effilées ou de pignons pour les grands.

COMPOTE DE POMMES EXPRESS *(dès quatre mois)*

Pour faire découvrir à bébé le goût de la pomme cuite, nature, sans artifice et sans sucre ajouté : une préparation en toute simplicité.

Recette pour 3
Préparation : 1 minute
Cuisson : 2 minutes 30

Coupez une pomme en quatre. Ôtez la peau et les pépins. Faites cuire 2 minutes 30 au micro-ondes. Mixez, c'est prêt. Surtout, laissez tiédir avant de servir.

À partir de cinq mois, pour un quatre-heures plus copieux, ajoutez un petit-suisse.

COMPOTE DE RHUBARBE AUX POIRES *(dès neuf mois)*

Recette pour 3
Préparation : 10 minutes
Cuisson : 5 minutes

- 500 g de rhubarbe
- 3 poires
- 100 g de cassonade
- Sel breton

Faites chauffer une grande casserole d'eau très légèrement salée.

Lavez la rhubarbe. Coupez les tiges au ras des feuilles, retirez la fine pellicule qui les recouvre et découpez-les en tronçons de 1 centimètre. Plongez les morceaux de rhubarbe 30 secondes dans l'eau bouillante pour en diminuer l'acidité. Égouttez, versez la rhubarbe dans un plat, ajoutez le sucre, couvrez et faites cuire 5 minutes au micro-ondes, puissance maximale.

Coupez les poires en quatre. Épluchez-les. Ôtez leurs pépins. Ajoutez-les à la rhubarbe, faites cuire encore 4 minutes, puissance maximale. Si les fruits ont rendu trop de jus, filtrez-le et gardez-le, pour sucrer des yaourts, par exemple. Mixez les fruits. Répartissez dans des ramequins et servez frais.

Pour réaliser cette recette dans une casserole, ajoutez un verre d'eau. Faites cuire 30 minutes en remuant souvent. Ajoutez les poires à mi-cuisson.

POMMES AU FOUR AU JUS D'ORANGE ET À LA CANNELLE *(dès neuf mois)*

Recette pour 3
Préparation : 10 minutes
Cuisson : 25 minutes

- 1 pomme pour bébé (reinette, Boskoop ou Canada)
- 1 ou 2 pommes pour les grands selon gourmandise
- 20 g de cassonade
- 1 orange
- 1 bâton de cannelle

Équeutez les pommes. À l'aide de l'éplucheLégumes, ôtez les pépins par le dessus en pratiquant une cavité dans la pomme. Disposez les pommes serrées les unes contre les autres dans un plat allant au four. Pressez l'orange, versez le jus dans les cavités des pommes. Saupoudrez de cassonade et de cannelle râpée. Faites cuire à four doux pendant 20 minutes. Arrosez une ou deux fois pendant la cuisson avec le jus. Servez tiède.

POIRES À LA COCOTTE *(dès huit mois)*

Recette pour 3
Préparation : 5 minutes
Cuisson : 10 minutes

- 5 petites poires bien fermes
- 1 gousse de vanille fendue en deux
- 70 g de cassonade
- 2 citrons
- 1 bâton de cannelle

Épluchez les poires entières sans en ôter la queue. Disposez-les dans l'autocuiseur. Ajoutez le sucre, la gousse de vanille et le jus des 2 citrons. Saupoudrez de cannelle râpée. Fermez l'autocuiseur et laissez cuire doucement 10 minutes à partir du moment où la soupape chuchote. Dressez les poires debout, arrosées de leur jus, bien rangées dans un compotier, et servez frais.

Pour réaliser cette recette dans une casserole, laissez cuire 30 minutes.

COCKTAIL DE PÊCHES À LA MENTHE *(dès huit mois)*

Recette pour 3
Préparation et cuisson : 15 minutes

- 4 pêches
- 1 bouquet de menthe fraîche
- 30 g de cassonade
- 1/4 de litre d'eau

Lavez la menthe. Pelez, dénoyautez, et coupez les pêches en quartiers. Mettez-les dans un plat, ajoutez l'eau, une branche de menthe et la cassonade. Couvrez et faites cuire au micro-ondes, 4 minutes, puissance maximale. Filtrez le sirop. Disposez les pêches en gros morceaux dans des coupes, arrosez-les de leur jus. Agrémentez de feuilles de menthe fraîche.

Servez frais pour les adultes, bébé préfère souvent ce dessert tiède.

ANANAS FONDANT *(dès huit mois)*

Anne prépare souvent cette recette à sa fille qui adore prendre à pleines mains et sucer longuement les rondelles d'ananas rendues moelleuses par la cuisson. C'est pourquoi elle prévoit toujours avec ce dessert... un joli bavoir.

Recette pour 3
Préparation : 10 minutes
Cuisson : 5 minutes

- 1 petit ananas frais bien mûr
- 1 gousse de vanille fendue en deux
- 2 cuillerées à soupe de cassonade
- 2 verres d'eau

Préparez l'ananas : coupez les deux extrémités, retirez toute l'écorce à l'aide d'un couteau bien aiguisé. Découpez l'ananas en tranches de la largeur d'un doigt. Avec un petit couteau, ôtez le cœur au centre de chaque tranche et jetez-le.

Dans une poêle, faites chauffer l'eau, le sucre et la vanille. Lorsque l'eau frémit (le sirop ne doit pas se transformer en caramel), disposez les tranches d'ananas en une seule couche et faites-les cuire 2 à 3 minutes de chaque côté. Servez tièdes les tranches d'ananas nappées du sirop à la vanille.

CRUMBLE MARIE *(dès quinze mois)*

Un sorte de gratin de fruits anglo-normand, servi tiède avec de la crème. Un dessert si bon et si simple que c'en est un péché !

Recette pour 3
Préparation : 10 minutes
Cuisson : 25 minutes

- 1 kg de fruits (pommes ou poires)
- 75 g de beurre
- 1 bol de farine
- 1 bol de sucre
- 1 pincée de cannelle râpée

Épluchez les fruits et coupez-les en gros morceaux. Disposez-les dans un joli plat à tarte. Dans un petit saladier, mettez le beurre, le sucre et la farine. Malaxez avec les mains jusqu'à ce que le mélange ne vous colle plus aux doigts et prenne un aspect de semoule. Rajoutez si nécessaire un petit peu de farine et de sucre. Saupoudrez-en les fruits et mettez le plat dans un four préalablement chauffé, thermostat 7/8 (200/220°), pendant 25 à 30 minutes. La cuisson est bonne quand le crumble a une belle couleur dorée. On peut ajouter en cours de cuisson un peu d'eau sur les pommes si le plat semble trop sec ; jamais sur les poires ou les abricots, qui sont des fruits aqueux.

Suggestion fameuse : en été, à la saison des abricots, mélangez-en aux pommes !

MOUSSE AU CHOCOLAT *(dès quinze mois)*

Pas très léger, certes ! Mais la recette que je vous propose est heureusement moins sucrée que les préparations du commerce. Exceptionnellement, cette gourmandise peut figurer au menu de bébé. Simplement, ce jour-là, ne lui donnez rien de lourd à digérer.

Recette pour 3
Préparation et cuisson : 15 minutes

- 100 g de chocolat noir amer
- 4 œufs
- 1 orange
- 50 g de beurre
- 50 g de sucre en poudre
- 1 pincée de sel

Pressez l'orange. Filtrez le jus à travers une passoire fine et versez-le dans un bol. Ajoutez le sucre et faites tiédir 30 secondes au micro-ondes, puissance maximale. Lorsque le sucre est fondu, ajoutez le beurre, mélangez. Réservez.

Dans une jatte, faites fondre le chocolat 1 minute au micro-ondes, puissance maximale. Avec une cuillère en bois remuez le chocolat fondu en pommade, ajoutez la crème à l'orange et mélangez bien : la préparation doit être homogène comme une crème épaisse.

Séparez les blancs des jaunes d'œufs. Ajoutez les 4 jaunes d'œufs à la crème au chocolat, remuez à nouveau.

Montez les blancs en neige ferme avec une pincée de sel. Incorporez-les délicatement au reste du mélange. Servez frais, mais pas glacé pour bébé. Sortez sa part du réfrigérateur 1/2 heure avant le repas. Quelques cuillerées suffisent pour son dessert.

Poires à la Cocotte

Des gâteaux pour les goûters de fête !

QUATRE-QUARTS *(dès quinze mois)*

Le gâteau le plus simple du monde.

Recette pour 3
Préparation : 10 minutes
Cuisson : 30 minutes

- 3 œufs
- Même poids de sucre en poudre
- Même poids de farine
- Même poids de beurre

Dans votre mixer, travaillez les jaunes d'œufs et le sucre afin d'obtenir un mélange blanc et mousseux. Ajoutez progressivement farine et beurre ramolli en faisant tourner régulièrement. Battez les blancs en neige ferme, incorporez-les délicatement à la préparation. Beurrez un moule à manqué (rond, à bord haut) dans lequel vous verserez la pâte. Faites cuire 30 minutes à four moyen (thermostat 5, 160°). Pour vérifier que le gâteau est cuit, plongez la lame d'un couteau au milieu de celui-ci, elle doit ressortir sèche.

Variante express : passez tous les ingrédients dans l'ordre au robot-mixer, ajoutez 1/2 sachet de levure. Même cuisson.

VARIATIONS *(dès quinze mois)*

À la recette précédente, vous pouvez ajouter, selon l'inspiration :

- 1 zeste de **citron** râpé
- 1 zeste d'**orange** râpé
- De l'extrait de **vanille**
- 1 cuillerée à soupe d'**amandes** en poudre
- 1 cuillerée à soupe de **noix de coco**
- Des **fruits** frais en morceaux

BOUBELECH DE SOPHIE
(petits beignets légers à la farine de pain azyme) *(dès quinze mois)*

C'est croustillant, c'est léger, rapide, pas cher, et… c'est cacher !

Recette pour 3
Préparation et cuisson : 20 minutes

- 100 g de farine de pain azyme (*matzoth*)
- 3 œufs
- 4 cuillerées à soupe de sucre
- Sel
- Huile de tournesol

Séparez les blancs des jaunes d'œufs. Battez les blancs en neige ferme avec une pincée de sel. Mélangez soigneusement les jaunes avec le sucre. Ajoutez la farine de pain azyme pour obtenir une crème onctueuse. Allongez d'eau si nécessaire. Incorporez délicatement les blancs en neige à la préparation.

Dans une poêle, faites chauffer 4 cuillerées à soupe d'huile de tournesol. Versez une cuillerée à soupe de préparation dans l'huile chaude. Faites dorer une minute de chaque côté. Égouttez les beignets sur du papier absorbant. Saupoudrez de sucre.

MERINGUES AUX CINQ PARFUMS *(dès quinze mois)*

Lorsque j'ai découvert la facilité avec laquelle on pouvait réaliser ces petites friandises au micro-ondes, je n'ai plus jamais jeté les blancs d'œufs délaissés des recettes où seuls les jaunes sont admis. Bien sûr, c'est un dessert très sucré, dont il ne faut pas abuser, mais il remplace avantageusement bonbons ou biscuits.

Recette pour 3
Préparation : 5 minutes
Cuisson : 2 minutes 30

- 150 g de sucre glace
- 1 blanc d'œuf

Parfums au choix :

- 3 gouttes d'extrait de vanille
- 2 gouttes d'extrait d'amande amère
- 1 cuillerée de café décaféiné
- 1 cuillerée à soupe de cacao
- 1 pincée de cannelle râpée

Mélangez le blanc d'œuf et le sucre à la spatule de manière à obtenir une pâte. Ajoutez selon votre goût un des cinq parfums de la recette. Sur une feuille de papier sulfurisé, déposez des boules de la préparation grosses comme des noix. Faites cuire 2,30 minutes au micro-ondes, puissance maximale.

PAIN PERDU AUX AMANDES OU À LA NOIX DE COCO *(dès quinze mois)*

Pour les goûters, une idée économique dont les enfants raffolent et qui fleure bon la crêpe.

Recette pour 3
Préparation : 2 minutes
Cuisson : 3 minutes au micro-ondes
+ 5 minutes à la poêle

- 5 tranches de pain rassis
- 2 œufs
- 1/2 litre de lait
- 1 cuillerée de beurre
- 1 cuillerée d'huile de tournesol
- 2 cuillerées à soupe d'amandes en poudre ou de noix de coco en poudre
- 1 pincée de cannelle râpée
- Miel ou sucre

Battez les œufs avec le lait, ajoutez les amandes ou la noix de coco et une pincée de cannelle, versez le mélange sur les tranches de pain dans un petit plat creux, juste assez grand pour les 5 tranches. Couvrez d'un film transparent ou d'un couvercle pour les faire cuire dans le four à micro-ondes 3 minutes, puissance maximale. Les tartines sont devenues molles, tendres et ne dégoulinent plus.

Faites fondre le beurre et l'huile dans une poêle, faites dorer le pain quelques secondes de chaque côté, c'est tout, c'est croustillant et c'est bon !

Servez avec du miel, du sucre complet ou du chocolat râpé.

L'huile empêche le beurre de noircir en chauffant et le rend plus digeste.

Si vous ne disposez pas d'un four à micro-ondes, il faut faire tremper le pain rassis au moins 1/2 heure avant de le poêler.

MADELEINES *(dès douze mois)*

Recette pour 3
Préparation : 10 minutes
Cuisson : 12 minutes
Matériel : 1 plaque à madeleines

Pour 12 madeleines :
- 100 g de beurre
- 100 g de sucre glace
- 50 g de farine
- 50 g de poudre d'amandes
- 3 gros blancs d'œufs
- 1 cuillerée à café de miel (de fleur d'oranger, par exemple)

Beurrez les alvéoles de la plaque à madeleines à l'aide d'un pinceau, saupoudrez de farine. Secouez les plaques pour bien répartir la farine et en éliminer l'excès. Faites fondre le beurre 1 minute au micro-ondes.

Mélangez la farine, le sucre et la poudre d'amandes. Ajoutez les blancs d'œufs et travaillez le mélange au fouet pour le rendre homogène. Incorporez le beurre fondu et le miel à la préparation. Préchauffez le four, thermostat 5 (160°). Répartissez la pâte dans les alvéoles de la plaque à madeleines. Faites cuire à four doux 10 à 12 minutes. Démoulez aussitôt.

Les madeleines peuvent se conserver plusieurs jours dans une boîte hermétique.

Pour qu'il en garde longtemps le souvenir...

LE MOT DU PÉDIATRE

Dr Marion ELISSALT

Lorsque j'ai rencontré Marie Binet et Roseline Jadfard, j'ai pensé que j'allais mettre mon grain de sel de pédiatre dans leur petit précis gastronomique plein d'humour, d'idées et de recettes magnifiques. J'ai tout lu, et je leur ai donné des conseils de sagesse, surtout pour les petits avant trois mois et parfois jusqu'à un an.

Voilà ce que j'aimerais dire aux jeunes parents pour compléter ce livre. Vingt ans de médecine de crèche et quinze ans de pratique en ville à Paris me le permettent.

Martine Reine et toute l'équipe de la crèche Vaugirard, mes maîtres pédiatres hospitaliers, si bons cliniciens et scientifiques à la fois, et Françoise Dolto qui a appris à toute ma génération de pédiatres que la parole était une autre nourriture humaine, d'importance, m'ont donné le fruit de leur expérience dans ce domaine. Je veux donc souligner l'importance de la nourriture dans la relation des parents avec leurs enfants et aussi les mettre en garde sur les risques de l'écœurement par excès et par gavage.

L'appétit de l'enfant sain dépend de son poids et de sa taille. Une étude Inserm-CNRS[1] a permis de comprendre qu'un enfant menu pouvait avoir tout ce qu'il fallait en mangeant quatre fois moins qu'un

1. Cette étude a été réalisée par le docteur F. Davidson sur un grand nombre d'enfants de crèche et de maternelle de zéro à cinq ans.

grand bébé rondouillard, à condition d'équilibrer et de diversifier son alimentation.

Tout dépend de la taille et de la corpulence des parents, grands, moyens, petits, ou même obèses. Les grands forts mangent, eux, toujours assez de tout en France et dans les pays riches.

En revanche, **les enfants menus,** jusqu'à deux ans et même dix-huit ans, peuvent manquer de protéines, de calcium et de vitamines, si l'alimentation n'est pas diversifiée et équilibrée. Ainsi, les petits maigres, ceux qui n'ont jamais faim, parce qu'on les force à manger, parce qu'on veut qu'ils soient grands et gros alors qu'ils seront minces et petits, comme certains de leurs ascendants. À ceux-là, avant un an, et même parfois jusqu'à six ans, il ne faut pas donner d'aliments sucrés avant ou entre les repas, des litres de jus de fruits ou de soda. Parce que du sucre, on en veut toujours à cet âge, cela apporte des calories, mais ce n'est que du sucre, quelques vitamines et souvent des colorants. Si votre enfant a faim avant les repas, donnez-lui un fruit frais pelé ou de petits en-cas salés : pain, fromage, crudités… Pas de gros biberon fariné ; cela correspond à la ration calorique d'un enfant menu d'un an, pour 48 heures, mais ce n'est pas équilibré en lipides, en protéines, en glucides, en sels minéraux et en vitamines. Plus tard les gâteries, bonbons, gâteaux sont réservés aux anniversaires et aux fêtes.

Les surgelés, les conserves, c'est bon, peu cher, facile à préparer et à associer avec des produits frais.

Les petits pots, c'est bon aussi, mais ça n'habitue pas à mâcher. Ils ont le mérite d'être utiles pour les départs en vacances, pour les séjours en camping et les mamans fatiguées.

Les plantes : attention ! Pas d'herbes médicinales avant six mois. Les plantes sont à l'origine de toutes les médecines du monde, et certaines herbes peuvent faire battre trop vite le cœur des nourrissons, les faire trop dormir ou provoquer chez l'enfant des troubles intestinaux...

Particularités : certains enfants pour des raisons génétiques, géographiques ou familiales peuvent avoir une « tendance à » plus accentuée que la moyenne.

Par exemple : **la diarrhée** par insuffisance de production de lactase[1] (l'enzyme qui digère le lait) ou **l'allergie relative au lait de vache** par immaturité intestinale, car je ne parlerai pas ici de l'allergie absolue, qui est rare.

À ceux qui ont cette « tendance à », lorsqu'ils sont tout petits (jusqu'à 3 à 9 mois), dans les pays riches, on donne des laits très sophistiqués et très chers, vendus en pharmacie et dans quelques grandes surfaces. Puis, jusqu'à deux ans, le calcium est apporté sous forme de yaourts, de petits-suisses, de soja (attention à l'allergie au soja, rare toutefois), de poisson ou d'œufs...

Nos deux auteurs ont aussi pensé à ces enfants en proposant des recettes de laits végétaux.

Enfin, quelle heureuse initiative de penser aux jeunes parents, souvent perdus au premier enfant, qui vont découvrir les joies de la nourriture équili-

1. On sait que la lactase, très présente chez les Nordiques et les Anglo-Saxons, est peu développée chez les Asiatiques et les peuples du Bassin méditerranéen ; ceux-ci boivent peu ou ne boivent pas du tout de lait. Ils consomment du lait caillé, comme le kéfir ou le yaourt.

brée et diversifiée auprès de leur petit ! Dans le temps, dans les grandes familles, cela se faisait ainsi. On donnait toujours tout à goûter aux bébés. Et même une petite goutte de champagne sur la langue pour le baptême, et le sein, « château maternel », jusqu'à trois mois au moins. Marie Binet et Roseline Jadfard ont eu la bonne idée de savamment doser créations d'aujourd'hui et recettes d'hier adaptées à la diététique et à la vie moderne.

NOTES

Dans la collection J'ai lu Bien-être

THOMAS ARMSTRONG
Sept façons d'être plus intelligent (7105/5)

MARIE BINET et ROSELINE JADFARD
Trois assiettes et un bébé (7113/3, *juillet 1996*)

Dr ARON-BRUNETIÈRE
La beauté et les progrès de la médecine (7006/4)

AGNÈS BEAUDEMONT-DUBUS
La cuisine de la femme pressée (7017/3)

MARTINE BOËDEC
L'homéopathie au quotidien (7021/3)

Dr ALAIN BONDIL et MARION KAPLAN
Votre alimentation selon le Dr Kousmine (7010/5)
L'alimentation de la femme enceinte et de l'enfant, selon l'enseignement du Dr Kousmine (7089/5)

NATHANIEL BRANDEN
Les six clés de la confiance en soi (7091/7)

BÉATRICE ÇAKIROGLU
Les droits du couple (7018/6)

STEVEN CARTER et JULIA SOKOL
Ces hommes qui ont peur d'aimer (7064/5)

ROBERTA CAVA
Réussir et être heureuse au travail (7082/5, *inédit*)

FRANÇOISE CIVEYREL
Consommez bien. Dépensez mieux (7098/5)

LOLY CLERC
Je dépense, donc je suis! (7107/4)

Dr JULIEN COHEN-SOLAL
Comprendre et soigner son enfant - 1 (7096/6)
Comprendre et soigner son enfant - 2 (7097/6)

BRUNO COMBY
Tabac : libérez-vous ! (7012/4)

Dr LIONEL COUDRON
Stress, comment l'apprivoiser (7027/5)

CAROLYN PAPE COWAN et PHILIP A. COWAN
1 + 1 = 3 (7065/6)

HÉLÈNE DE LEERSNYDER
Laissez-les faire des bêtises (7106/4)

Dr ERICH DIETRICH et Dr PATRICE CUDICIO
Harmonie et sexualité du couple (7061/5)

Dr DREVET et Dr GALLIN-MARTEL
Bien vivre avec son dos (7002/4)

Dr DAVID ELIA
Comment rester jeune après 40 ans (7008/4)

PIERRE FLUCHAIRE
Bien dormir pour mieux vivre (7005/4)

PIERRE FLUCHAIRE, MICHEL MONTIGNAC...
Plus jamais fatigué ! (7015/5)

CÉLINE GÉRENT
Savoir vivre sa sexualité (7014/5)

Dr FRANÇOISE GOUPIL-ROUSSEAU
Sexualité : réponses aux vraies questions des femmes (7025/3)

BRIAN A. GROSMAN avec ALLAN REZNICK
Protégez votre emploi (7085/3)

BRIGITTE HEMMERLIN
Maman Solo (7100/5)

PHILIPPE JOST et FRANÇOISE PERRIOT
Guide des actions humanitaires (7086/6)

SAM KEEN
Etre un homme (7109/4)

Dr CATHERINE KOUSMINE
Sauvez votre corps (7029/8)

COLETTE LEFORT
Maigrir à volonté ...ou sans volonté ! (7003/4)

Dr GÉRARD LELEU
Le traité des caresses (7004/5)
La Mâle Peur (7026/6)
Le traité du plaisir (7093/5)

Pr HENRI LÔO et Dr HENRY CUCHE
Je suis déprimé mais je me soigne (7009/4)

ALAN LOY McGINNIS
Le pouvoir de l'optimisme (7022/3)

BERNARD MARTINO
Le bébé est une personne (7094/4)

Dr E. MAURY
La médecine par le vin (7016/3)

PIA MELLODY
Vaincre la dépendance (7013/4, *inédit*)

MAURICE MESSÉGUÉ
C'est la nature qui a raison (7028/7)

Dr VLADIMIR MITZ
Le choix d'être belle (7019/6)

MICHEL MONTIGNAC
Je mange donc je maigris ! (7030/5)
Recettes et menus Montignac (7079/5)
Comment maigrir en faisant des repas d'affaires (7090/5)
La méthode Montignac Spécial Femme (7104/5, *avril 96*)

ANNE-MARIE MOUTON
500 conseils pour réussir votre grossesse (7023/4)

ROBIN NORWOOD
Ces femmes qui aiment trop - 1 (7020/6)
Ces femmes qui aiment trop - 2 (7095/6)

DAGMAR O'CONNOR
Comment faire l'amour à la même personne... pour le reste de votre vie (7102/5)

PIERRE PALLARDY
Les chemins du bien-être (7001/3)
Le droit au plaisir (7063/4)

PIERRE et FLORENCE PALLARDY
La forme naturelle (7007/6)

JEAN-LOUIS PASTEUR
Toutes les vitamines pour vivre sans médicaments (7081/6)

JEAN-YVES PECOLLO
La sophrologie au quotidien (7101/3)

Pr JEAN-PIERRE RELIER
L'aimer avant qu'il naisse (7088/3)

JOCELYNE DE ROTROU
La mémoire en pleine forme (7087/5)

JACQUES SALOMÉ
Papa, maman, écoutez-moi vraiment (7112/5)

NANCY SAMALIN
Savoir l'entendre, savoir l'aimer (7062/5, *inédit*)

DEBORAH TANNEN
Décidément, tu ne me comprends pas ! (7083/6, *inédit*)

NITA TUCKER
Le grand amour pour la vie (7099/3)

MARIE-FRANCE VIGOR
Enfants : comment répondre à leurs questions ! (7011/6)

Dr NADIA VOLF
Vos mains sont votre premier médecin (7103/4)

Dr ALAIN BONDIL et MARION KAPLAN

L'alimentation de la femme enceinte et de l'enfant selon l'enseignement du Dr Kousmine

Un beau bébé, sain et vigoureux, se prépare dès sa venue au monde, et même bien avant, tout au long de la grossesse. **La santé d'un enfant dépend autant des soins prodigués que de la vitalité de sa mère pendant les neuf mois de gestation.**

Quels sont les aliments à privilégier ? **Quel lait donner au tout-petit ? Comment sevrer l'enfant ? Quels sont les éléments indispensables à sa croissance ?** Comment préparer les aliments pour préserver leurs vertus et quels modes de cuisson proscrire ?

Ce livre conçu par **deux disciples du Dr Kousmine** indique les règles pour la meilleure alimentation dans cette période décisive de la vie. Illustré de recettes appétissantes : **une façon agréable de mettre en œuvre une méthode de nutrition déjà adoptée par des milliers de parents**.

Dr Alain Bondil et Marion Kaplan

Diplômé de la faculté de médecine de Montpellier, le Dr Alain Bondil enseigne l'homéopathie et est président de l'Association médicale Kousmine.

Marion Kaplan a mis au point une méthode de préparation et de cuisson permettant de préserver la quasi-totalité des nutriments vitaux.

Collection J'ai lu Bien-être, 7089/5

BERNARD MARTINO

Le bébé est une personne

Le bébé a longtemps été considéré comme un tube digestif, une petite chose aveugle et vagissante. Or, on le sait maintenant, quand il naît il a déjà une histoire.

Dans le ventre de sa mère, le fœtus ne se contente pas de bouger : **il voit, il entend, il réagit, et ces neuf mois le marqueront pour la vie.**

A peine né, le bébé est capable de communiquer, et si le dialogue nous paraît impossible, c'est que **nous ne savons pas interpréter son langage.** Ce malentendu se poursuivra, jusqu'à ce que l'enfant se plie aux règles du monde des adultes, perdant ainsi les clefs d'un royaume que nous avons tous possédées et que nous croyons avoir perdues. Un royaume que ce livre nous aide à redécouvrir à travers **une passionnante enquête menée auprès d'éminents spécialistes.**

Bernard Martino

Réalisateur à la télévision depuis de longues années, il est l'auteur de documents qui ont eu un grand succès : Charles Bettelheim, Le voyage au bout de la vie...

Collection J'ai lu Bien-être, 7094/4

Dr JULIEN COHEN-SOLAL

Comprendre et soigner son enfant

Dernière édition complétée et entièrement remise à jour du célèbre best-seller, devenu **la bible incontestée des parents. Le Dr Cohen-Solal répond à toutes les questions que se posent les parents du premier âge de leur enfant jusqu'à la puberté.** Il donne des conseils pratiques sur les problèmes quotidiens, tant sur le plan physiologique et psychologique, voire scolaire. Tous les troubles de l'enfant sont ici abordés, des plus anodins à ceux qui nécessitent une consultation. **Le guide précieux qui accompagnera tous les parents soucieux du bien-être, de la santé et de la joie de vivre de leur enfant.**

Tome 1 : *L'accouchement et la naissance. L'alimentation du bébé. Le développement du bébé, de l'enfant. Les vaccinations et la pathologie néo-natale.*

Tome 2 : *Les pathologies du nourrisson et de l'enfant. Les problèmes psychologiques et les troubles du comportement. Les problèmes scolaires. Les problèmes des parents.*

Dr Julien Cohen-Solal

Pédiatre de renommée internationale, il a créé et dirigé le centre médico-psycho-pédagogique d'Argenteuil. Ancien interne des hôpitaux de Paris, ancien chef de clinique de génétique, de pédiatrie et de puériculture, il a collaboré à divers traités, thèses et travaux. Médecin assistant dans un grand hôpital d'enfants parisien, il est sans doute l'un de ceux qui ont soigné et examiné le plus d'enfants.

Collection J'ai lu Bien-être, 7096/6 et 7097/6

MARIE-FRANCE VIGOR

Enfants, comment répondre à leurs questions !

Simplifier sa vie avec ses enfants.
Réponses aux cent questions difficiles.

**"J'ai peur du noir...
Je veux dormir avec toi...
J'ai envie d'une mob...
Pourquoi vous divorcez ?..."**

Demandes, questions qui laissent le plus souvent les parents perplexes.

Quelle réponse donner ?
Quelle attitude adopter ?

De la naissance à l'adolescence, cent problèmes quotidiens, décortiqués, analysés, dédramatisés.
Tous les thèmes sont assortis de repères :
"Le bon sens... L'avis des psy...
Les erreurs à éviter... Le bon truc".

Un livre indispensable pour simplifier sa vie de parent et contribuer à l'épanouissement de ses enfants.

Marie-France Vigor

*Mère de trois enfants, elle est journaliste et collabore depuis une quinzaine d'années à des magazines féminins.
Ses sujets de prédilection : santé, sciences et techniques, éducation, psychologie...*

Collection J'ai lu Bien-être, 7011/6

J'AI LU
Bien-être
7113

R.I.D. Composition 91400 Gometz-la-Ville
Achevé d'imprimer en Europe (France)
par **Bussière Camedan Imprimeries** à St-Amand
le 15 mars 2000. N° d'Impression : 001355/1.
Dépôt légal : mars 2000. ISBN 2-290-30579-0
1er dépôt légal dans la collection : juin 1996

Editions J'ai lu
84, rue de Grenelle, 75007 Paris
Diffusion Flammarion (France et étranger)